LIMINA

COSMOPOLITAN CHICKEN PROJECT

30

Koen Vanmechelen

AF762046

TURNER

CHILLIDALEKU

KOEN VANMECHELEN

LIMINA: COSMOPOLITAN CHICKEN PROJECT 30

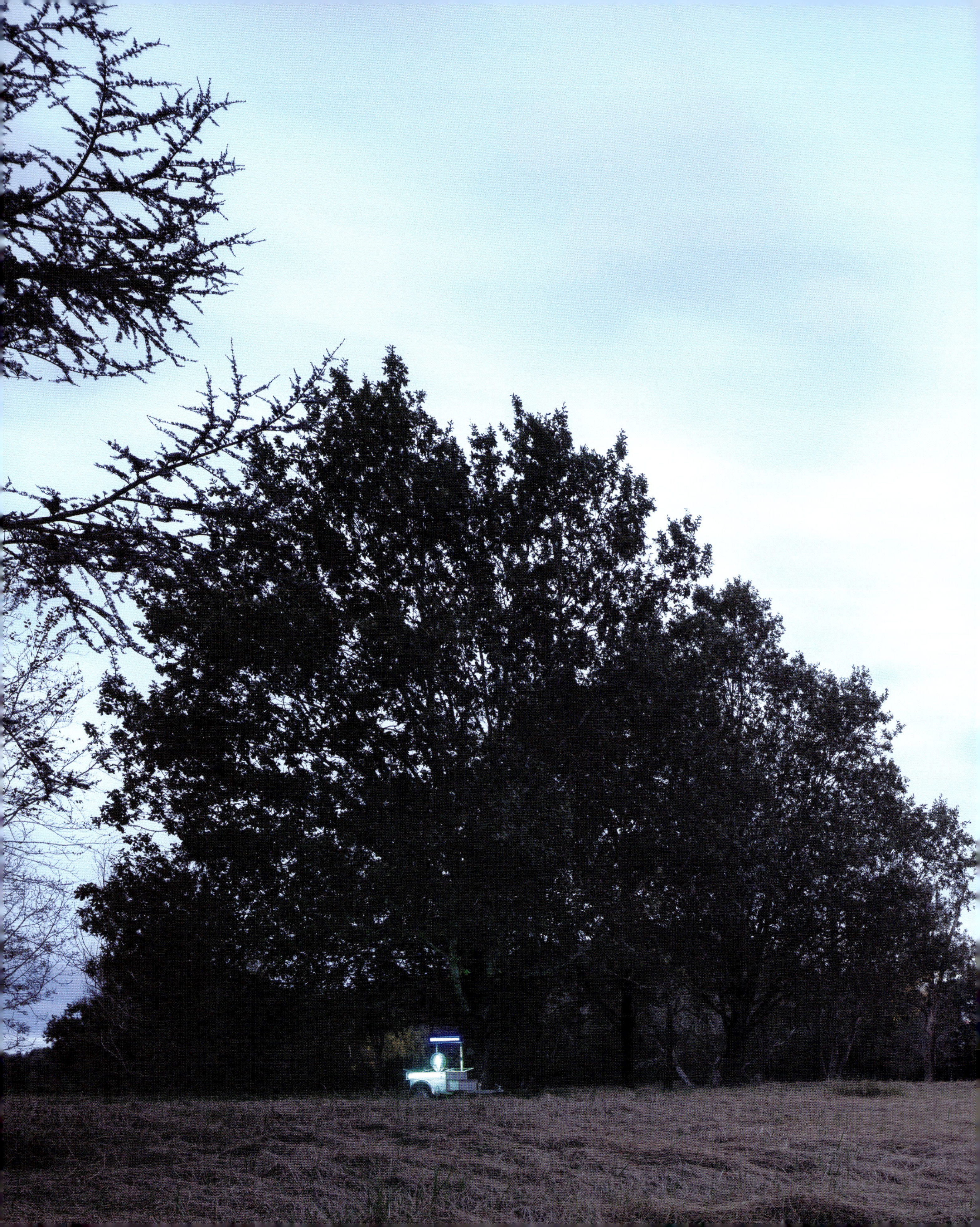

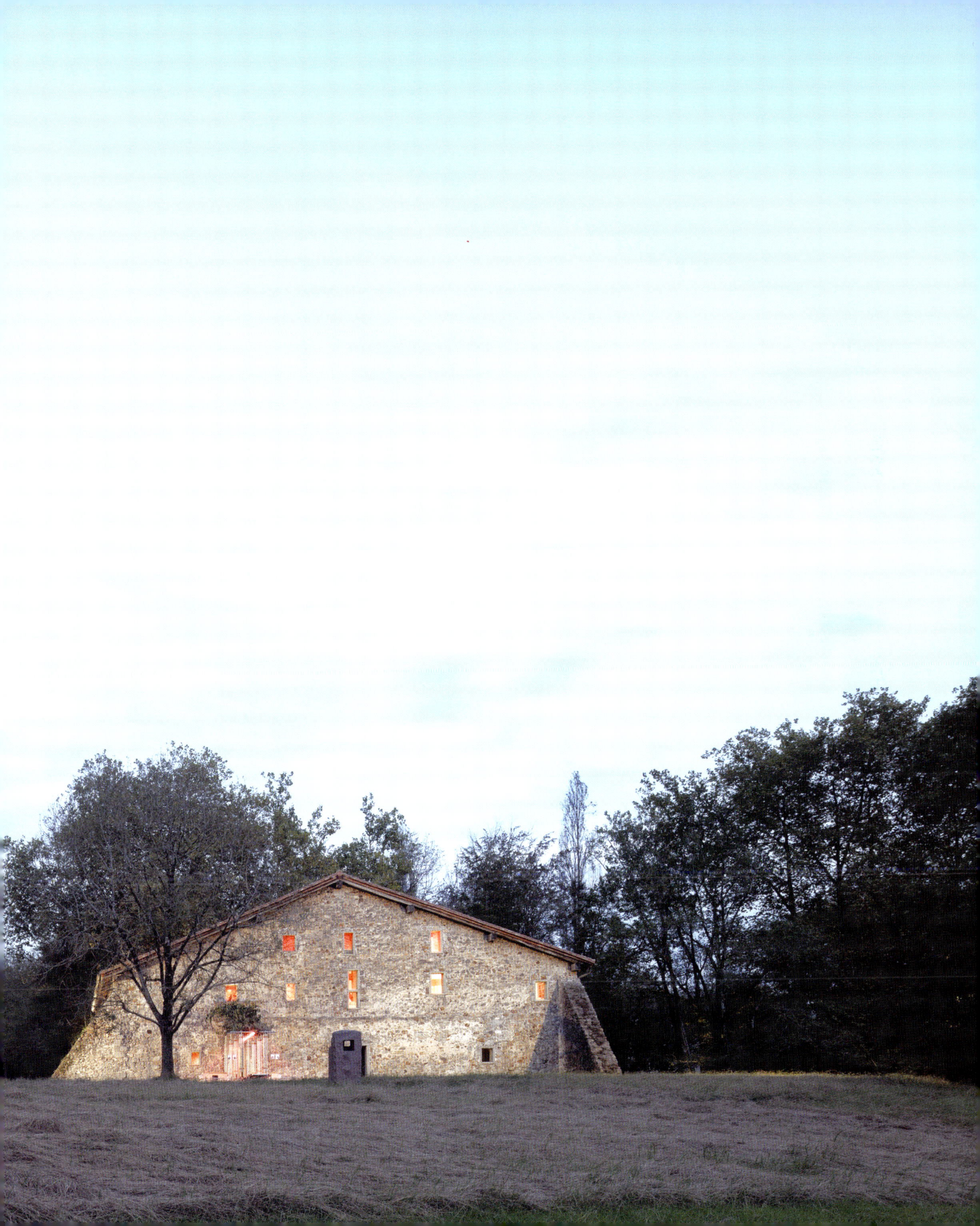

MIREIA MASSAGUÉ

CHILLIDA LEKUKO ZUZENDARIA

EU

BIDEA ELKARREKIN

Chillida Lekutik plazer dugu *Limina: Cosmopolitan Chicken Project 30* erakusketari eskainitako argitalpen hau aurkeztea, Mugak/ Euskadiko Nazioarteko Arkitektura Bienalaren esparruan egin dugun lanaren, hausnarketaren eta esperimentazioaren erakusgarri.

Eduardo Chillidaren ibilbideak arkitekturaren munduarekin lotura estua izan du beti. Espazioa ulertzeko, hutsunearekin solastatzeko eta paisaian lekua hartzeko bere modua beti hurbil egon zen ibilbidean lagundu zioten arkitektoen begiradatik. Elkarrekin kokaleku publiko berriak, munduan egoteko modu berriak, asmatu zituzten. Ildo beretik, *Limina: Cosmopolitan Chicken Project 30* urrats naturala eta aldi berean ausarta da: lehen aldiz, arkitektoak —Victoria Collar, Jon Garbizu eta Gonzalo Peña— komisario dituen erakusketa bat hartuko du Chillida Lekuk; haiek eduki dute museoa Koen Vanmechelen artista belgikarraren obrarekin eta *Cosmopolitan Chicken Project (CCP)* bere proiektu goraipatuarekin bat egiteko gune bihurtzeko desafioa.

CCP-a gure oraina birpentsatzeko eta bizi garen ingurunearekin berriz lotzeko egitasmo ezin hobea da. Premiaz zeharkatzen gaituzten gaiei buruz hausnartzera gonbidatzen gaitu: ekosistemarekin dugun harremana, izaki bizidun guztiak zaintzeko erantzukizun partekatua eta inguratzen gaituztenen aurrean burua eta bihotza irekita mantentzeko beharra, nondik-nahi datozela ere. Irekitze horretatik, hartu-eman eta nahasketatik, baino ezingo gara aberastu eta gizarte gisa egin aurrera.

Koen Vanmechelen, artista bikaina izateaz gain, pertsona guztiz eskuzabal, asmamen handikoa eta intuitiboa da. Bere obra ez da artearen eremura mugatzen: elkargune, lankidetza eta ekintzarako gunea ere bada.

DIRECTORA DE CHILLIDA LEKU

ES

EL CAMINO EN COMPAÑÍA

Desde Chillida Leku es un placer presentar esta publicación dedicada a la exposición *Limina: Cosmopolitan Chicken Project 30*, testimonio del trabajo, la reflexión y la experimentación que hemos llevado a cabo en el marco de Mugak/, la Bienal Internacional de Arquitectura del País Vasco.

La trayectoria de Eduardo Chillida ha estado siempre profundamente ligada al mundo de la arquitectura. Su manera de entender el espacio, de dialogar con el vacío y de habitar el paisaje fue cercana a la mirada de los arquitectos con los que colaboró a lo largo de su carrera. Juntos concibieron nuevos emplazamientos públicos, nuevas formas de estar en el mundo. Siguiendo ese mismo camino, *Limina: Cosmopolitan Chicken Project 30* representa un paso natural y al mismo tiempo audaz: por primera vez, Chillida Leku acoge una exposición comisariada por arquitectos —Victoria Collar, Jon Garbizu y Gonzalo Peña—, que han aceptado el reto de transformar el museo en un lugar desde el que conectarnos con la obra del artista belga Koen Vanmechelen y su celebrado *Cosmopolitan Chicken Project (CCP).*

El *CCP* se revela aquí como un proyecto ideal para repensar nuestro presente y reconectarnos con el entorno que habitamos. Nos invita a reflexionar sobre temas que nos atraviesan con urgencia: nuestra relación con el ecosistema, la responsabilidad compartida de cuidar a todos los seres vivos y la necesidad de mantener la mente y el corazón abiertos hacia quienes nos rodean, vengan de donde vengan. Solo desde esa apertura, desde el intercambio y la mezcla, podremos enriquecernos y avanzar como sociedad.

Koen Vanmechelen es, además de un artista excepcional, una persona profundamente generosa, creativa e intuitiva. Su obra no se limita al terreno del arte:

DIRECTOR, CHILLIDA LEKU

EN

THE SHARED PATH

It is a pleasure for Chillida Leku to present this publication dedicated to the exhibition *Limina: Cosmopolitan Chicken Project 30*, a testament to the work, reflection, and experimentation carried out within the framework of Mugak/, the Basque Country International Architecture Biennial.

Eduardo Chillida's practice has always been deeply connected to the field of architecture. His understanding of space, his dialogue with the void, and his way of inhabiting the landscape were closely aligned with the sensibilities of the architects with whom he collaborated throughout his career. Together, they conceived new public spaces and, with them, new ways of being in the world. In that same spirit, *Limina: Cosmopolitan Chicken Project 30* represents a bold and natural step forward: for the first time, Chillida Leku hosts an exhibition curated by architects—Victoria Collar, Jon Garbizu, and Gonzalo Peña—who have embraced the challenge of transforming the museum into a site of connection with the work of the Belgian artist Koen Vanmechelen and his celebrated *Cosmopolitan Chicken Project (CCP)*.

Here, the *CCP* emerges as an ideal framework to reconsider our present and reconnect with the environment we inhabit. It invites us to reflect on questions of pressing relevance: our relationship with the ecosystem, our shared responsibility to care for all living beings, and the need to keep our minds and hearts open to those around us, regardless of origin. Only through such openness, through exchange and interconnection, can we enrich ourselves and advance as a society.

Koen Vanmechelen is, beyond being an exceptional artist, a profoundly generous, creative, and intuitive individual. His practice extends far beyond the

DIRECTRICE DE CHILLIDA LEKU

FR

LE CHEMIN ENSEMBLE

Le musée Chillida Leku est ravi de présenter cette publication consacrée à l'exposition *Limina: Cosmopolitan Chicken Project 30* [Limina : Projet Poulet cosmopolite no 30], qui témoigne du travail, de la réflexion et de l'expérimentation menées dans le cadre de Mugak/, la Biennale internationale d'architecture du Pays basque.

La trajectoire d'Eduardo Chillida a toujours été étroitement liée au monde de l'architecture. Sa façon d'envisager l'espace, de dialoguer avec le vide et d'habiter le paysage est proche du regard des architectes avec lesquels il a collaboré tout au long de sa carrière. Ensemble, ils ont conçu de nouveaux emplacements publics, de nouvelles formes d'être dans le monde. *Limina: Cosmopolitan Chicken Project 30* suit la même voie et représente un pas en avant à la fois naturel et audacieux : pour la première fois, Chillida Leku accueille une exposition dont les commissaires sont des architectes (Victoria Collar, Jon Garbizu et Gonzalo Peña). Ces derniers ont accepté de transformer le musée en un lieu de connexion avec l'œuvre de l'artiste belge Koen Vanmechelen et son célèbre *Cosmopolitan Chicken Project (CCP)*.

Ici, le projet *CCP* se révèle idéal pour repenser notre présent et reconnecter avec l'environnement que nous habitons. Il nous invite à réfléchir à des thèmes actuels urgents : notre relation avec l'écosystème, la responsabilité partagée de prendre soin de tous les êtres vivants et la nécessité de maintenir notre esprit et notre cœur ouverts à ceux qui nous entourent, peu importe leur origine. Ce n'est qu'à partir de cette ouverture, à partir de l'échange et du mélange, que nous pourrons nous enrichir et avancer en tant que société.

Outre un artiste exceptionnel, Koen Vanmechelen est également quelqu'un de profondément généreux, créatif et intuitif. Son œuvre ne se limite pas au domaine

Vanmechelenek mundu osoko pertsona, talde eta erakundeekin egiten du lan, garapena, eraldaketa eta ongizate komuna sustatzen dituzten proiektuak bultzatzeko. Bere praktikan, etorkizun posibleak irudikatzeko eta gizateria justuagoa, anitzagoa eta kontzienteagoa eraikitzeko tresna bihurtzen da artea.

Urteetan zehar, Chillida Leku denontzat irekitako topagune gisa sendotu da, ideiak eta pertsonak elkarrekin solasean aritzen den elkarrizketarako gune gisa. Erakusketa honek bokazio hori indartzen du eta eskuzabaltasuna beti merezi duela gogorarazten digu. *Limina: Cosmopolitan Chicken Project 30*-ean inplikatutako pertsona guztien eskuzabaltasunari esker posible izan da oraindik imajinatzen ikasten ari garen proiektua moldatzea.

Eduardo Chillida bezala, ezezagunean murgiltzera ausartu gara, aurkitzeko eta geure burua berraurkitzeko, eta ikusi dugu, bidea elkarrekin egiten denean, beti urrutirago iristen dela.

Nahiko nuke orrialde hauek izan daitezela bidaia partekatu horren eta entzumen, esperimentazio eta sorkuntza ariketa kolektibo horren lekuko, eta, haietan barna ibiltzean, munduan egoteko modu berriak elkarrekin imajinatzen jarraitu ahal izatea.

es también un espacio de encuentro, de colaboración y de acción. Vanmechelen trabaja con personas, grupos y entidades de todo el mundo para impulsar proyectos que promueven el desarrollo, la transformación y el bienestar común. En su práctica, el arte se convierte en una herramienta para imaginar futuros posibles y construir una humanidad más justa, diversa y consciente.

A lo largo de los años, Chillida Leku se ha consolidado como un lugar de encuentro abierto a todos, un espacio donde las ideas y las personas dialogan. Esta exposición refuerza esa vocación y nos recuerda que la generosidad siempre vale la pena. Gracias a la generosidad de todas las personas implicadas en *Limina: Cosmopolitan Chicken Project 30*, ha sido posible dar forma a un proyecto que, en muchos aspectos, todavía estábamos aprendiendo a imaginar.

Como Eduardo Chillida, nos hemos atrevido a adentrarnos en lo desconocido para descubrir y redescubrirnos, y hemos comprobado que, cuando el camino se recorre en compañía, siempre se llega más lejos.

Ojalá estas páginas sirvan como testimonio de ese viaje compartido, de ese ejercicio colectivo de escucha, experimentación y creación, y que al recorrerlas podamos seguir imaginando, juntos, nuevas formas de habitar el mundo.

EDUARDO CHILLIDA
Homenaje a Jorge Guillén I, 1981

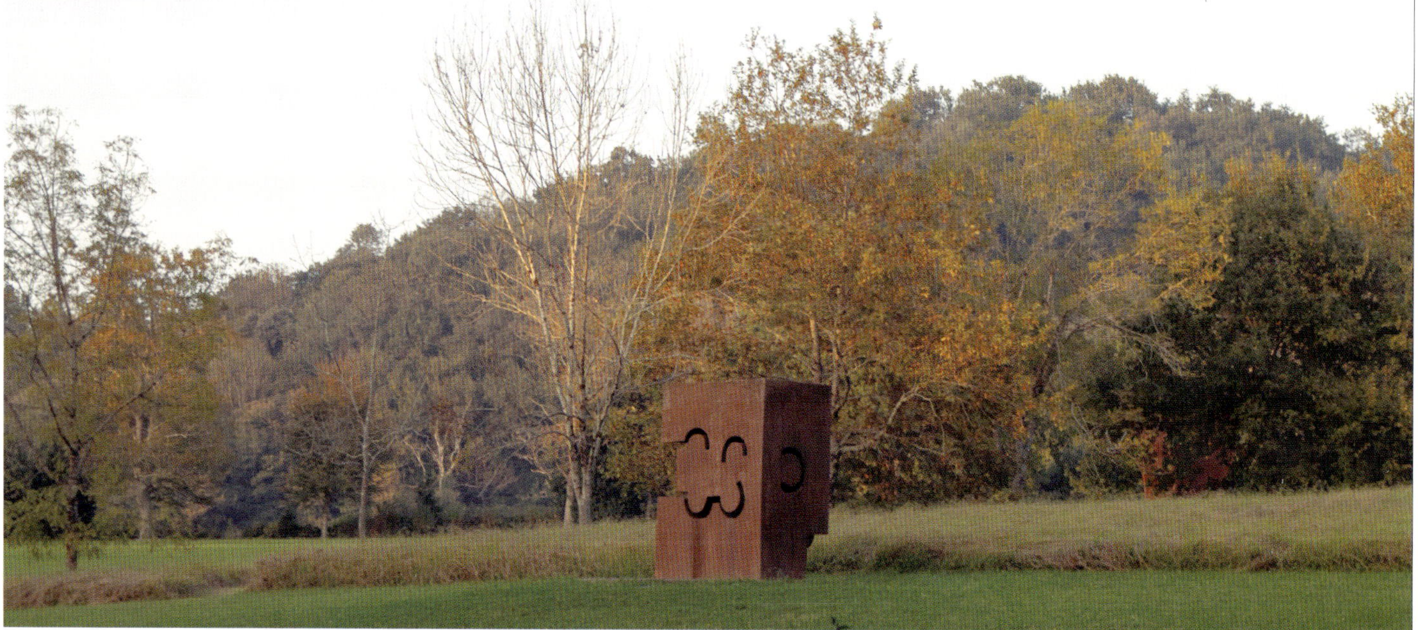

realm of art: it is a space for encounter, collaboration, and action. Vanmechelen works with people, communities, and institutions around the world to develop projects that foster transformation, growth, and collective wellbeing. In his hands, art becomes a tool for imagining possible futures and for building a fairer, more diverse, and more conscious humanity.

Over the years, Chillida Leku has become a meeting place open to all, a space where ideas and people come together in dialogue. This exhibition strengthens that vocation and reminds us that generosity is always worthwhile. Thanks to the generosity of all who took part in *Limina: Cosmopolitan Chicken Project 30*, a project has taken shape that, in many respects, we were still learning to imagine.

Like Eduardo Chillida, we have dared to venture into the unknown, to discover and rediscover ourselves, and have found that when the path is shared, one always travels further.

May these pages stand as a record of that shared journey—of this collective exercise in listening, experimentation, and creation. May they allow us, as we turn them, to go on imagining, together, new ways of inhabiting the world.

de l'art : c'est également un espace de rencontre, de collaboration et d'action. Vanmechelen travaille avec des personnes, des groupes et des organismes du monde entier pour impulser des projets favorisant le développement, la transformation et le bien-être commun. Dans sa pratique, l'art devient un outil permettant d'imaginer les avenirs possibles et de construire une humanité plus juste, diverse et consciente.

Au fil des années, Chillida Leku s'est affirmé comme lieu de rencontre ouvert à tous, un espace où les idées et les personnes dialoguent. Cette exposition renforce cette vocation et nous rappelle que la générosité vaut toujours la peine. Grâce à la générosité de toutes les personnes impliquées dans *Limina: Cosmopolitan Chicken Project 30*, il a été possible de donner forme à un projet que nous étions, à maints égards, encore en train d'apprendre à imaginer.

À l'instar d'Eduardo Chillida, nous avons osé nous plonger dans l'inconnu pour découvrir et nous redécouvrir, et nous avons pu constater que l'on arrive effectivement toujours plus loin lorsque l'on chemine accompagné.

Puissent ces pages servir de témoignage de ce voyage partagé, de cet exercice collectif d'écoute, d'expérimentation et de création, et leur lecture nous permettre de continuer d'imaginer ensemble de nouvelles formes d'habiter le monde.

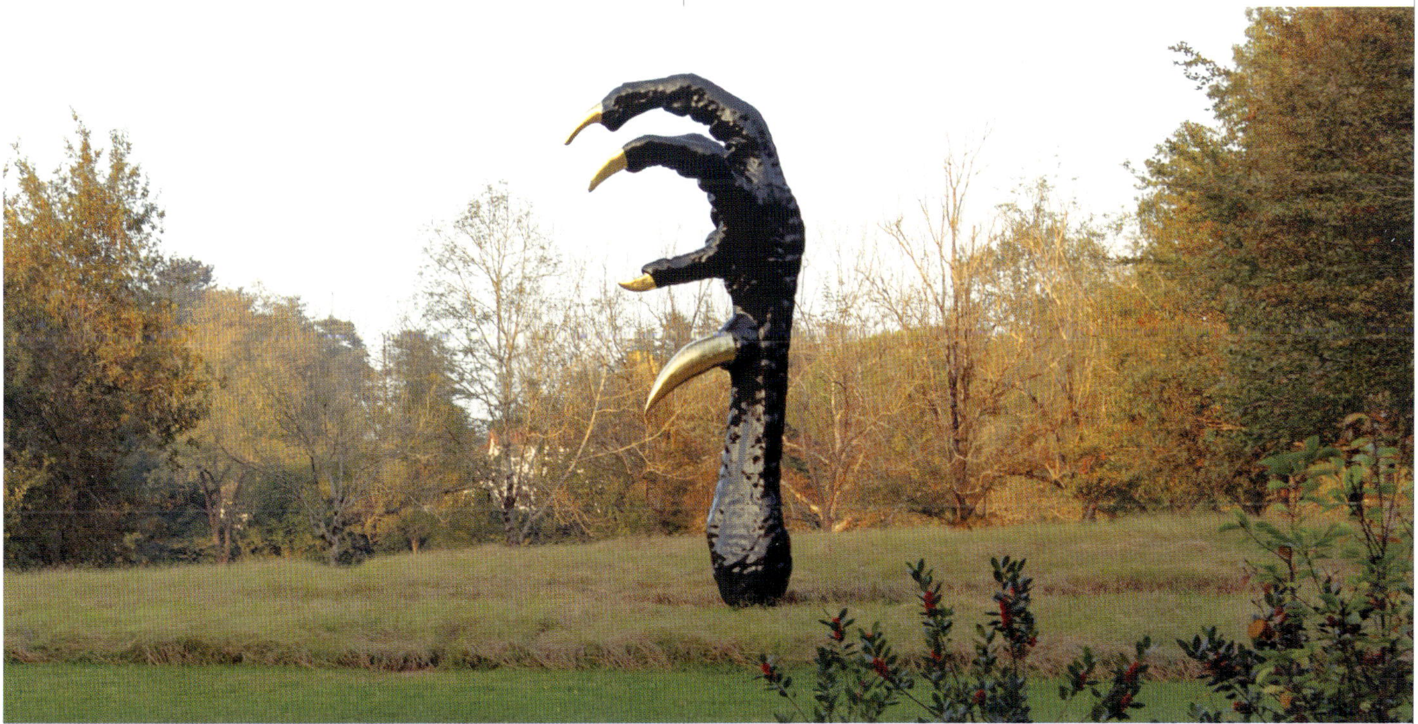

MIKEL CHILLIDA

CHILLIDA LEKUKO GARAPEN ZUZENDARIA

EU

LIMINA: MUGAREN ESKUZABALTASUNA

Limina erakusketa Chillida Lekun egitea museoaren historiako mugarri garrantzitsuenetako bat da. Eduardo Chillida eta Pilar Belzunceren etxeak proiektu hau, Mugak/ Euskadiko Nazioarteko Arkitektura Bienalaren barruan, hartzea pozgarria da, eta leku zoragarri honek gure gizarteari egin diezaiokeen ekarpenaz txunditzeko motibo. Erakusketak gizakiak bere ingurune intimoenarekin duen harremanari buruzko ibilbidea proposatzen du, sarritan ezkutuan edo aintzat hartu gabe egoten dena, eta artearen, zientziaren, arkitekturaren eta naturaren arteko elkarrizketa abiaraziz egiten du. Guretzat, oso une esanguratsua da, museoak hausnarketarako eta topaketarako espazio bizi gisa duen bokazioa indartzen duena, eta ilusio handiz aurre egiten diogu.

Koen Vanmechelenen obraren eta Eduardo Chillidarenaren arteko lotura nozio partekatu batetik uler daiteke: tolerantzia. Vanmechelenen esanetan, "globala tokikoaren eskuzabaltasunari esker baino ez da existitzen". Gogoeta hori Chillidaren ikuspegiarekin lotzen da, zeinak jatorrizko lekuan errotze sendotzat hartzen baitzuen pertenentzia, unibertsalerako irekitasun batekin batera. Haren ustez benetako identitatea errotze zintzo batetik sortzen da, baina aldi berean mundura zabaltzean aberasten da.

Cosmopolitan Chicken proiektuak, bere baitan hainbat ondare biltzen dituen animalia bat sortzeko asmoz munduko zenbait herrialde eta lekutako arrazak hibridatzen dituenak, berezkoaren eta partekatuaren arteko tentsio emankor horren metafora gisa funtzionatzen du.

DIRECTOR DE DESARROLLO DE CHILLIDA LEKU

ES

LIMINA: LA GENEROSIDAD DEL LÍMITE

La celebración en Chillida Leku de la exposición *Limina* constituye uno de los hitos más relevantes de la historia reciente del museo. Que la casa de Eduardo Chillida y Pilar Belzunce acoja este proyecto dentro del marco de la Bienal Internacional de Arquitectura de Euskadi Mugak/ es motivo de satisfacción y de asombro ante lo que este maravilloso lugar puede aportar a nuestra sociedad. La muestra propone un recorrido sobre la relación del ser humano con su entorno más íntimo, aquel que a menudo permanece oculto o desatendido, y lo hace activando un diálogo entre arte, ciencia, arquitectura y naturaleza. Para nosotros, se trata de un momento muy significativo, que refuerza la vocación del museo como espacio vivo de reflexión y encuentro, y que afrontamos con enorme ilusión.

La relación entre la obra de Koen Vanmechelen y la de Eduardo Chillida puede entenderse desde una noción compartida: la tolerancia. Vanmechelen afirma que «lo global solo existe gracias a la generosidad de lo local». Esta reflexión se enlaza con la visión de Chillida, quien concebía la pertenencia como una raíz firme en el lugar de origen, acompañada de una apertura hacia lo universal. En su pensamiento encontramos la convicción de que la identidad auténtica surge de un arraigo sincero y al mismo tiempo se enriquece al abrirse al mundo.

El proyecto del *Cosmopolitan Chicken,* que hibrida razas de distintos países y lugares del mundo para dar lugar a un animal portador de múltiples herencias, funciona como metáfora de esa tensión productiva entre lo

DEVELOPMENT DIRECTOR, CHILLIDA LEKU

EN

LIMINA: THE GENEROSITY OF THE THRESHOLD

The exhibition *Limina,* held at Chillida Leku, stands as one of the most significant milestones in the museum's recent history. That the home of Eduardo Chillida and Pilar Belzunce should host this project within the framework of Mugak/, the Basque Country International Architecture Biennial, is both a source of satisfaction and a cause for wonder at all that this remarkable place can offer society. The exhibition invites visitors to explore humanity's relationship with its most intimate surroundings—those that so often remain hidden or overlooked—by fostering a dialogue between art, science, architecture, and nature. For us, this is a profoundly meaningful moment, one that reaffirms the museum's vocation as a living space for reflection and encounter, and one that we approach with great enthusiasm.

The relationship between the work of Koen Vanmechelen and that of Eduardo Chillida can be understood through a shared notion: tolerance. Vanmechelen observes that 'the global exists only thanks to the generosity of the local'. This idea resonates with Chillida's vision, who conceived of belonging as a firm rooting in one's place of origin, coupled with a readiness to reach towards the universal. In his thinking we find the conviction that authentic identity arises from sincere rootedness and is, at the same time, enriched through openness to the wider world.

Vanmechelen's *Cosmopolitan Chicken Project,* a long-term crossbreeding of chickens from different countries and regions to create a bird that embodies

DIRECTEUR DU DÉVELOPPEMENT DE CHILLIDA LEKU

FR

LIMINA : LA GÉNÉROSITÉ DE LA LIMITE

L'exposition *Limina* organisée à Chillida Leku constitue l'un des jalons les plus importants de l'histoire récente du musée. Hébergé dans la maison d'Eduardo Chillida et de Pilar Belzunce dans le cadre de la Biennale internationale d'architecture du Pays basque Mugak/, ce projet témoigne de ce que ce merveilleux endroit peut apporter à notre société, et constitue en ce sens un motif de satisfaction et d'admiration. L'exposition explore la relation de l'être humain avec son environnement le plus intime, celui qui demeure souvent caché ou négligé, en instaurant un dialogue entre art, science, architecture et nature. Il s'agit pour nous d'un moment très important, qui renforce la vocation du musée à être un espace vivant de réflexion et de rencontre, et que nous abordons avec beaucoup d'enthousiasme.

La relation entre l'œuvre de Koen Vanmechelen et celle d'Eduardo Chillida s'appuie sur un concept partagé, celui de la tolérance. Vanmechelen affirme que « le global n'existe que grâce à la générosité du local ». Cette réflexion est liée à la vision de Chillida, qui concevait l'appartenance comme un ferme enracinement dans le lieu d'origine, accompagné d'une ouverture à l'universel. Sa pensée exprime la conviction que l'identité authentique provient d'un enracinement sincère et s'enrichit grâce à son ouverture au monde.

Le projet *Cosmopolitan Chicken* hybride des races de différents pays et régions du monde afin de créer un animal porteur de multiples héritages. Il fonctionne comme une métaphore de cette tension productive

Chillidak argi eta garbi adierazi zuen: "Egokiena nonbaitekoak izan, sustraiak nonbait izan, baina besoak mundu osora iristea da, balio diezagutela edozein kulturatako ideiek"[1]. Hortaz, bai Vanmechelenen obran, bai Chillidarenean, tokikoa ez da globalaren aurrean desagertzen; aitzitik, hark hura elikatzen du eta zentzua ematen dio.

[1] Chillida, Eduardo. *Idazkiak*. Madril: La Fábrica, Chillida Leku Museoa, 2023. 82. or.

Beste ardatz komun bat artearen eta zientziaren arteko harremana da. Vanmechelenen lanean biologia, genetika edo soziologia ez dira eremu bereiziak, arte-sorkuntzaren funtsezko parte baizik. Inkubagailua, gurutzaketa genetikoa edo artxibo zientifikoa kultur gailu bihurtzen dira. Chillidarengan, lotura hori beste era batera formulatzen da, baina antzeko oinarri batekin: "Jakiteko egiten dut lan; ezagutzea ezagutza baino gehiago estimatzen dut"[2]. Artea zientziarekiko paraleloan dagoen ikerbide bat da, galdera erradikalak egiteko eta zientziari bere onena ateratzeko gai dena: mugatik harago zer ezkutatzen den aurkitzeko gaitasuna.

[2] Chillida, Eduardo. *Idazkiak*. Madril: La Fábrica, Chillida Leku Museoa, 2023. 43. or.

Identitatearen kontzeptua, bi kasuetan, eztabaidaren erdigunean dago. Identitatea, ez muga zurrun, baizik eta berezkotzat sentitzen diren balio kolektiboetako kidego; eta horien batuketak banakotasuna baino zerbait zabalagoa sortzen du. Vanmechelenek argi eta garbi erakusten du hori genealogia ugariren eramailea den bere oilo kosmopolitaren baitan; Chillidak zerumugaren irudiarekin lotu zuen, hura espazio komun eta partekatu gisa ulertuta. "Nik ez dakit arrazen eta koloreen inguruan, bakarrik dakit zerumuga dela gizaki guztion aberria"[3], idatzi zuen bere testuetako batean.

[3] Chillida, Eduardo. *Idazkiak*. Madril: La Fábrica, Chillida Leku Museoa, 2023. 29. or.

Mugarik gabeko zerumuga horrek bi artisten azken nahia du laburbiltzen: bereizketak gainditzea, hesiak indargabetzea eta elkarguneak irekitzea. Vanmechelenen obran, irekiera honek gurutzatze genetikoak, metafora biologikoak eta espezieen eta kulturen arteko bizikidetzari buruzko galderak dakartza. Chillidarenean, eskulturak dira, berehalakotik harago begiratzeko gonbita egiten dutenak, eta arteak mugak kentzen, ez horiek sortzen, lagundu behar duela azpimarratzen duten gogoetak.

Itxuraz ezberdinak diren bi unibertsoren arteko elkarrizketa honek artearen indarra gogorarazten digu,

propio y lo compartido. Chillida lo expresó con nitidez al señalar: «Lo ideal es que seamos de un lugar, que tengamos las raíces en un lugar, pero que nuestros brazos lleguen a todo el mundo, que nos valgan las ideas de cualquier cultura»[1]. Así, tanto en la obra de Vanmechelen como en la de Chillida, lo local no desaparece ante lo global, sino que lo alimenta y le otorga sentido.

[1] Eduardo Chillida: *Escritos*. Madrid: La Fábrica, Museo Chillida Leku, 2005, p. 86.

Otro eje común es la relación entre arte y ciencia. En el trabajo de Vanmechelen, la biología, la genética o la sociología no aparecen como un ámbito separado, sino como parte esencial de la creación artística. La incubadora, el cruce genético o el archivo científico se convierten en dispositivos culturales. En Chillida, esa conexión se formula de otra manera, pero con un trasfondo semejante: «Trabajo para saber; valoro más el conocer que el conocimiento»[2]. El arte se entiende como una vía de investigación paralela a la ciencia, capaz de formular preguntas radicales y de extraer de la ciencia lo mejor de sí misma: su capacidad de descubrir lo que se oculta más allá del límite.

[2] *Ibid.*, p. 47.

El concepto de identidad se sitúa, en ambos casos, en el centro del debate. Identidad no como límite rígido, sino como pertenencia a valores colectivos que se sienten como propios, y cuya suma produce algo más amplio que la individualidad. Vanmechelen lo muestra con claridad en su gallina cosmopolita, portadora de múltiples genealogías; Chillida lo vinculó a la imagen del horizonte, entendido como espacio común y compartido. «Yo no sé de razas ni de colores, solo sé que la patria de todos los hombres es el horizonte»[3], escribió en uno de sus textos.

[3] *Ibid.*, p. 33.

Ese horizonte sin fronteras resume la aspiración última de ambos artistas: superar divisiones, desactivar muros y abrir espacios de encuentro. En la obra de Vanmechelen, esta apertura se traduce en cruces genéticos, metáforas biológicas y preguntas sobre la convivencia de especies y culturas. En la de Chillida, se concreta en esculturas que invitan a mirar más allá de lo inmediato y en reflexiones que insisten en que el arte debe contribuir a eliminar fronteras, no a crearlas.

Este diálogo, entre dos universos en apariencia distintos, nos recuerda la vigencia del arte como espacio de

multiple lineages, stands as a powerful metaphor for the creative tension between what is one's own and what is shared. Chillida expressed this idea with characteristic clarity when he wrote: 'Now, the ideal is really that we're from one place, that we have roots in one place, but that our arms extend outward to the world: that the ideas of all cultures matter to us.'[1] Thus, in both Vanmechelen's and Chillida's work, the local does not disappear in the face of the global; rather, it sustains it and gives it meaning.

[1] Eduardo Chillida: *Escritos*. Madrid: La Fábrica, Museo Chillida Leku, 2005, p. 86.

Another shared thread is the relationship between art and science. In Vanmechelen's practice, disciplines such as biology, genetics, and sociology are not treated as separate fields, but as integral parts of artistic creation. The incubator, genetic cross-breeding, and scientific archive are transformed into cultural instruments. In Chillida's case, this connection takes a different form, though it arises from a similar foundation: 'I work to know, and I value knowing more than knowledge.'[2] Art is conceived as a path of inquiry parallel to science, one capable of asking radical questions and drawing from it its finest quality: the capacity to reveal what lies beyond limits.

[2] Ibid., p. 47.

In both cases, the concept of identity lies at the heart of the discussion. Identity is conceived not as a rigid boundary, but as a sense of belonging to collective values felt as one's own—values whose convergence gives rise to something greater than individuality. Vanmechelen expresses this clearly through his cosmopolitan chicken, a bearer of multiple genealogies. Chillida, in turn, linked it to the image of the horizon, understood as a shared, common space. 'I do not know about races or colours, I only know that the horizon is the homeland of all men,'[3] he wrote in one of his texts.

[3] Ibid., p. 33.

That boundless horizon encapsulates the ultimate aspiration of both artists: to transcend divisions, dismantle walls, and open up spaces of encounter. In Vanmechelen's work, this openness manifests through genetic crossings, biological metaphors, and questions surrounding the coexistence of species and cultures. In Chillida's, it takes form in sculptures that invite us to look beyond the immediate, and in reflections that

entre le propre et le partagé. Chillida l'a exprimé de manière explicite : « L'idéal est de venir d'un endroit, d'avoir nos racines dans ce lieu, mais que nos bras atteignent le monde entier, que les idées d'autres cultures nous servent »[1]. Ainsi, que ce soit dans l'œuvre de Vanmechelen ou de Chillida, le local ne disparaît pas devant le global, mais l'alimente et lui donne du sens.

[1] Eduardo Chillida : *Escritos*. Madrid : La Fábrica, Museo Chillida Leku, 2005, p. 86.

La relation entre l'art et la science constitue un autre axe commun. Dans le travail de Vanmechelen, la biologie, la génétique et la sociologie n'apparaissent pas comme des domaines séparés, elles font partie intégrante de la création artistique. La couveuse, le croisement génétique et la documentation scientifique deviennent des dispositifs culturels. Chez Chillida, cette connexion est formulée d'une autre manière, mais avec une idée sous-jacente analogue : « Je travaille pour savoir ; je valorise plus le connaître que la connaissance »[2]. L'art s'entend comme une voie de recherche parallèle à la science, capable de formuler des questions radicales et d'extraire de la science le meilleur d'elle-même : sa capacité à découvrir ce qui se cache au-delà de la limite.

[2] Ibid., p. 47.

Chez les deux artistes, le concept d'identité se situe au centre du débat. L'identité non pas comme une limite rigide, mais comme une appartenance à des valeurs collectives ressenties comme propres, et dont la somme produit quelque chose de plus vaste que l'individualité. Vanmechelen le montre clairement avec sa poule cosmopolite, porteuse de plusieurs lignées ; Chillida l'associe quant à lui à l'image de l'horizon, compris comme un espace commun et partagé. « Je ne sais pas grand-chose sur les races et les couleurs, je sais seulement que l'horizon est la patrie de tous les hommes »[3], affirme-t-il dans l'un de ses textes.

[3] Ibid., p. 33.

Cet horizon sans frontières résume la grande aspiration des deux artistes : dépasser les divisions, abattre les murs et ouvrir des espaces de rencontre. Dans l'œuvre de Vanmechelen, cette ouverture se traduit par des croisements génétiques, des métaphores biologiques et des questions sur la cohabitation des espèces et des cultures. Dans celle de Chillida, elle se matérialise dans des sculptures qui invitent à regarder au-delà de ce qui est immédiat et dans des réflexions

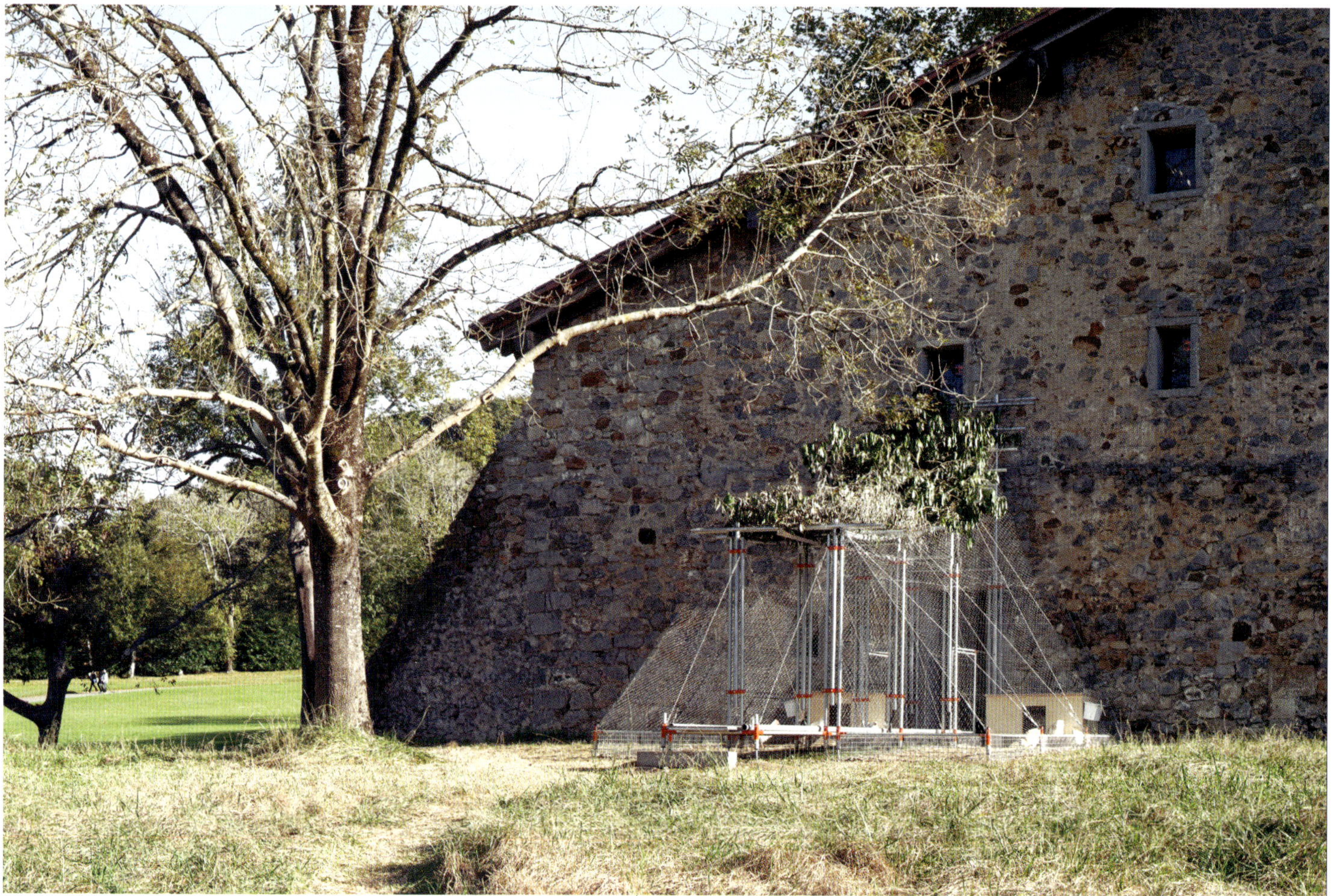

espazio komunak eraikitzeko. Lengoaia ezberdinetatik, Vanmechelenek eta Chillidak funtsezko gaiei buruz hitz egiten digute: giza eskubideez, identitateaz, zientzia eta artearen arteko elkartasunaz eta mundu irekiago baten beharraz. Zatiketa eta tentsio garaiotan, bien topaketak irakaspen argia eskaintzen du: tokikoaren eskuzabaltasunetik eta globalerako irekitasunetik bakarrik eraiki dezakegu benetako kultura partekatua, benetako *topagune* bat.

construcción común. Desde lenguajes diferentes, tanto Vanmechelen como Chillida nos interpelan sobre cuestiones esenciales: los derechos humanos, la identidad, la ciencia y el arte como aliados y la necesidad de un mundo más abierto. En tiempos de fragmentación y tensiones, su encuentro ofrece una lección clara: solo desde la generosidad de lo local y la apertura hacia lo global podemos construir una verdadera cultura compartida, un auténtico *lugar de encuentro*.

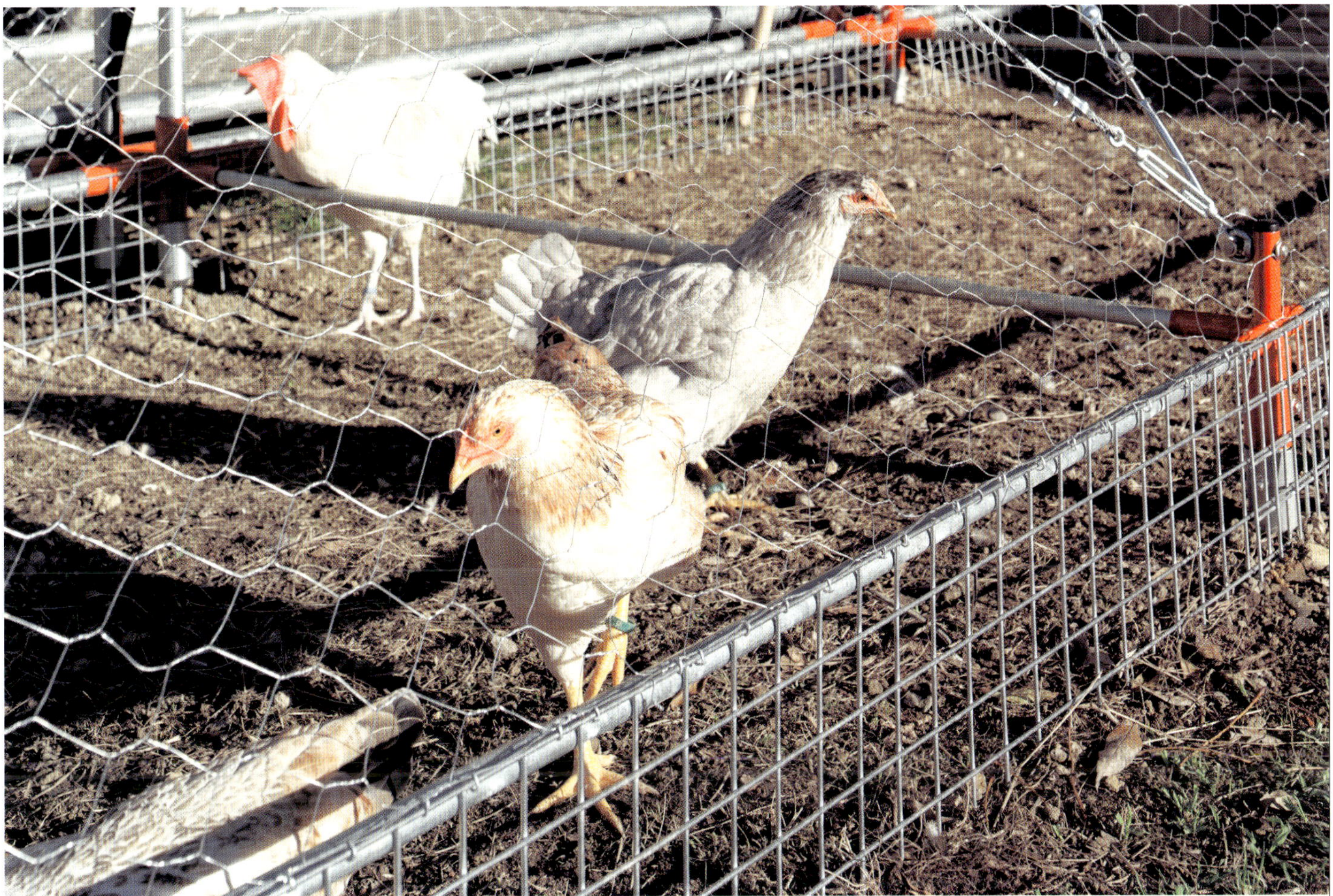

affirm that art must help to dissolve boundaries rather than create them.

This dialogue, between two universes that might at first appear distinct, reminds us of art's enduring relevance as a space for shared creation. Through different languages, both Vanmechelen and Chillida invite us to reflect on essential questions: human rights, identity, the alliance between art and science, and the need for a more open world. In times of fragmentation and tension, their encounter offers a clear lesson: only through the generosity of the local and openness to the global can we build a truly shared culture—an *authentic meeting place.*

selon lesquelles l'art doit contribuer à effacer les frontières, et non à les créer.

Ce dialogue entre deux univers en apparence distincts, nous rappelle la validité de l'art comme espace de construction commune. S'appuyant sur des langages différents, Vanmechelen et Chillida nous interpellent sur des questions essentielles : les droits de l'homme, l'identité, la science et l'art comme alliés, et la nécessité d'un monde plus ouvert. En ces temps de fragmentation et de tensions, leur rencontre offre une leçon claire : ce n'est qu'à partir de la générosité du local et de l'ouverture au global que nous pouvons construire une culture véritablement partagée, un vrai *lieu de rencontre.*

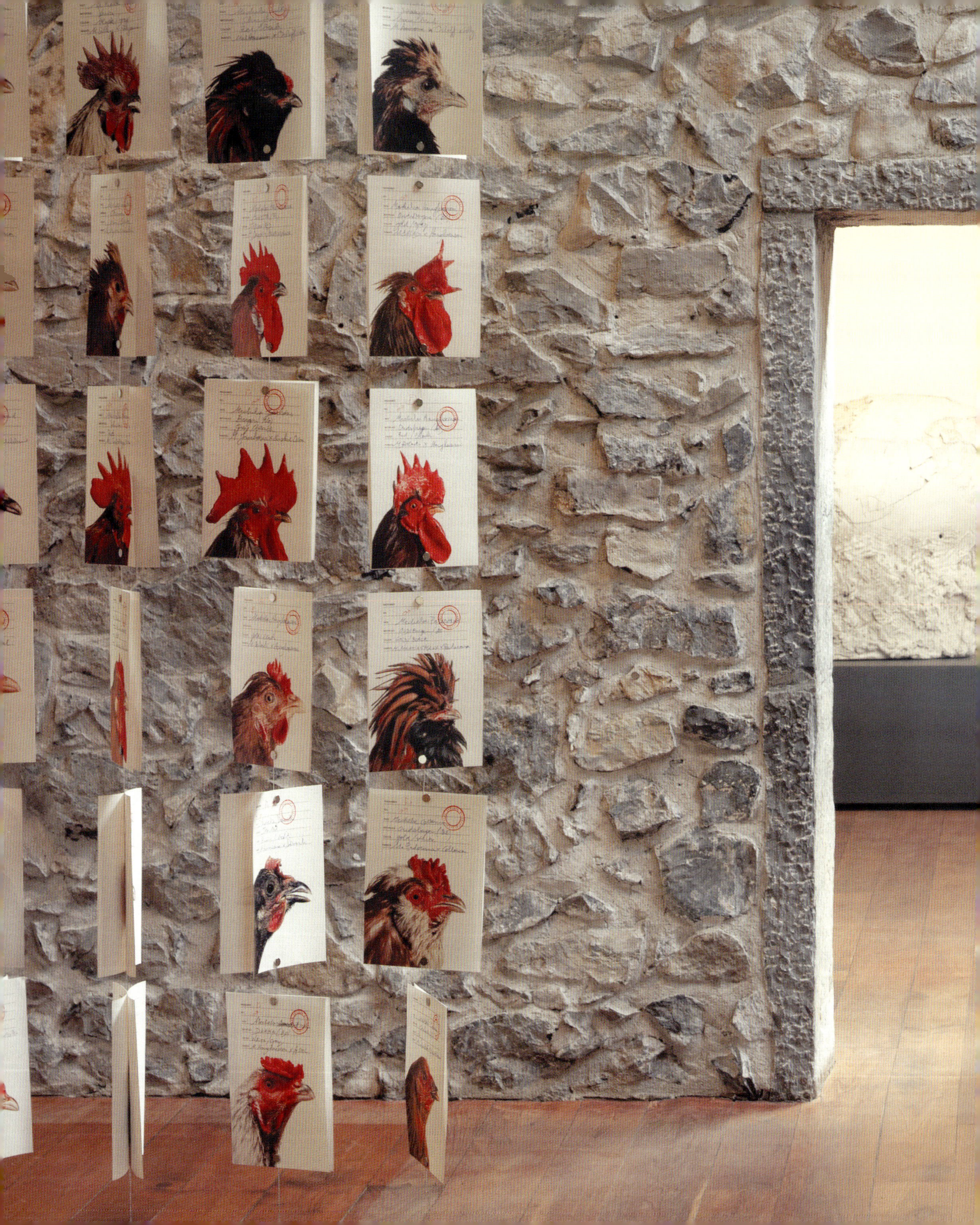

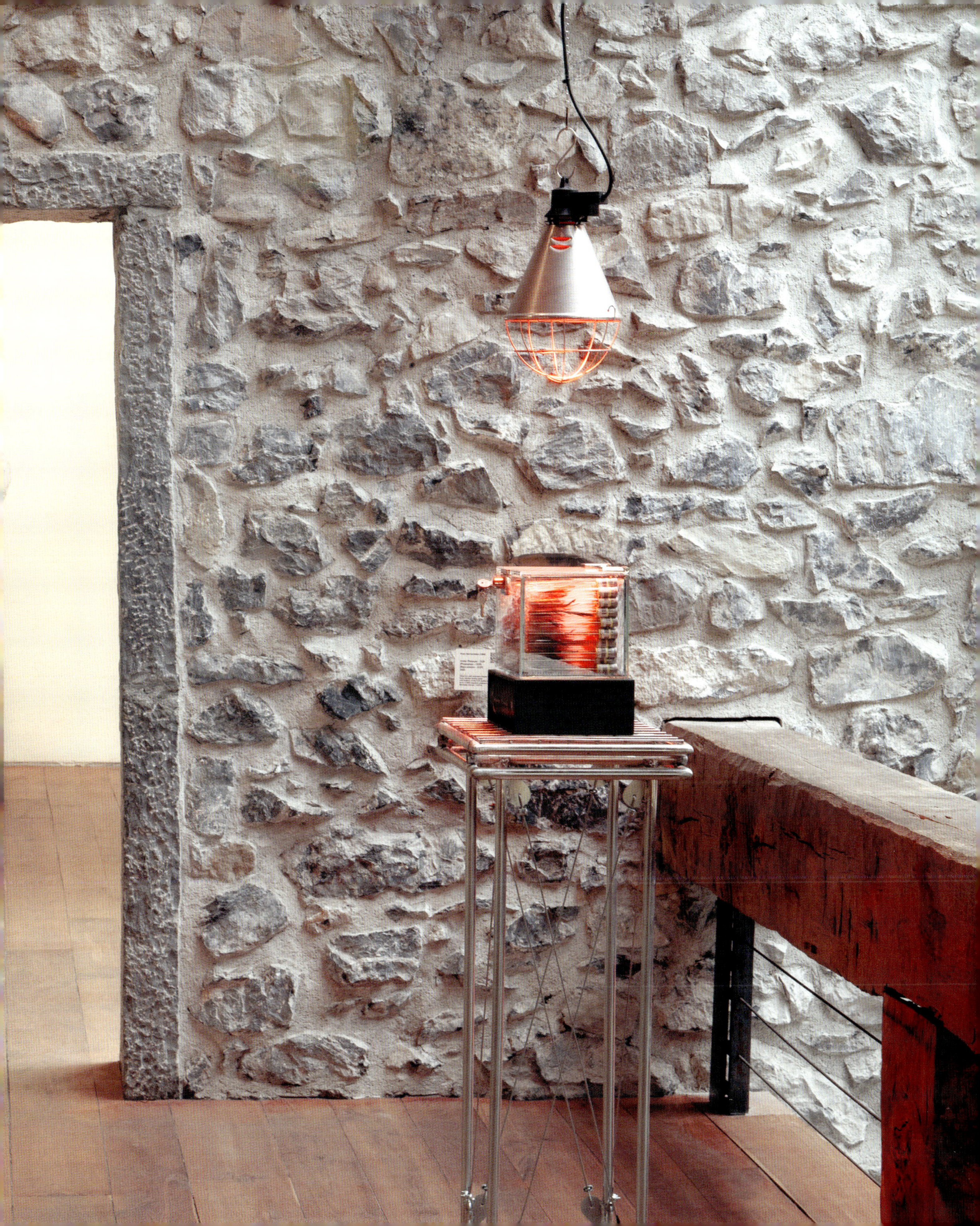

KOEN VANMECHELEN
LIMINA: COSMOPOLITAN CHICKEN PROJECT 30

ARTISTA

EU

Hogeita hamar belaunaldi. Hogeita hamar gurutzatze. Hogeita hamar urtez bizitza mintzo bere buruarekin. *Limina*-k atalase bat markatzen du, non artea sistema bizidun bihurtzen den, eta oiloa —hain ezaguna, hain ikusezina ere— gure existentzia hauskorra ulertzeko gako bilakatzen da. Izenburuak denbora eta lekua iradokitzen ditu: eboluzioaren erritmo geldoa eta heztearen erritmo azkarra aurrez aurre.

Denborari lotutako izaki bizidunak gara, baina hari aurka eginez beti. Eboluzioa ibai bat bezala badabil, milioika urtetan paisaiak moldatzen dituela. Giza eskuek abiadura dute desio: uzta biltzen dugu, aukeratzen dugu, mendeak urtaroetan trinkotzen ditugu. *Cosmopolitan Chicken Project (CCP)* [Oilo kosmopolitaren proiektua] egitasmoan bi ordulariok egiten dute talka. Hegaztiak lurraren pultsu luzea dakar, baina baita giza apetaren taupada azkarra ere.

Hasiera-hasieratik, proiektu hau izan zen biologiarekin eraikitzeko nire bidea. Ez harri ez altzairurik, baizik eta leinu eta arrautzak. Belaunaldi bakoitzak, bi arraza ikonikoen gurutzaketetik sortutakoak, historia, geografia eta biziraupena gorpuzten ditu. Gogorarazten digute aniztasuna dela jarraitutasunaren motor bakarra. Heztea hezurrez hezur, lumaz luma, katedral bizidun batean kiribiltzen den DNA eraikitzea da. Zimenduok arnasa hartzen dute.

Chillida Lekun, nire lana Eduardo Chillidarekin solasean hasten da. Burdina, bere erresistentziarekin solasean, tolestu zuen artista, dentsitatea arintasun bihurtuta, metalari airearen eta ozeanoaren airea emanda. Nik genoma baliatzen dut, abere bat gure historia partekatuaren geruzak agerian uztera bultzatuta. Gurutzatze bakoitza ez da hainbeste kontrol ekintza bat, nola entzuketa bat: biologiari, halabeharrari, bizitzaren beraren bizitasun burugogorrari. Dueto honetan, natura

ARTISTA

ES

Treinta generaciones. Treinta cruces genéticos. Treinta años de diálogo con la propia vida. *Limina* marca un umbral: el arte se hace organismo vivo, y la gallina —tan cotidiana pero a la vez tan inadvertida— surge como la clave para entender nuestra frágil existencia. El título evoca tiempo y lugar: la mesurada lentitud de la evolución entra en áspera fricción con el ritmo acelerado de la domesticación.

Somos criaturas ligadas al tiempo, y sin embargo no nos cansamos de resistirnos a él. La evolución es como un río que modela los paisajes a lo largo de millones de años. Las manos humanas ansían la velocidad: cosechamos, seleccionamos, comprimimos los siglos en estaciones. En mi *Cosmopolitan Chicken Project (CCP)* [Proyecto pollo cosmopolita], esos dos relojes colisionan. El ave porta el pulso largo de la tierra, pero también el ritmo acelerado del deseo humano.

Desde el principio, este proyecto ha sido mi forma de construir con la biología. No con piedra ni acero, sino con linajes y huevos. Cada generación, fruto del cruce de dos razas emblemáticas, encarna la historia, la geografía y la supervivencia. Nos recuerdan que la diversidad es el único motor de la continuidad. Criar es construir: hueso a hueso, pluma a pluma, ADN que se enrosca en una catedral viviente. Estos cimientos respiran.

En Chillida Leku, mi obra dialoga con Eduardo Chillida: un artista que doblegaba el hierro y se enfrentaba a su resistencia, transformando la densidad en ligereza, insuflando al metal el aliento del aire y del océano. Yo trabajo con el genoma, apelo a un animal domesticado para revelar los estratos de nuestra historia común. Cada cruce no es un acto de control, sino un gesto de escucha y complicidad con la biología, el azar, la tenaz energía de la propia vida. En este armónico dúo la naturaleza es tan artista como yo. Ambos trabajos —el

EN

Thirty generations. Thirty crossings. Thirty years of dialogue with life itself. *Limina* marks a threshold, where art becomes a living system, and the chicken—so familiar, yet so invisible—emerges as the key to understanding our fragile existence. The title evokes both time and place: the slow rhythm of evolution rubbing against the accelerated tempo of domestication.

We are creatures bound to time, yet forever resisting it. Evolution flows like a river, shaping landscapes over millions of years. Human hands crave speed: we harvest, we select, we compress centuries into seasons. In my *Cosmopolitan Chicken Project (CCP)*, these two clocks collide. The bird carries the long pulse of the earth, but also the accelerated beat of human desire.

From the beginning, this project was my way of building with biology. Not stone or steel, but bloodlines and eggs. Each generation, born from the crossing of two iconic breeds, embodies history, geography, and survival. They remind us that diversity is the only engine of continuity. To breed is to build: bone by bone, feather by feather, DNA spiralling into a living cathedral. These foundations breathe.

At Chillida Leku, my work enters into dialogue with Eduardo Chillida—an artist who bent iron in dialogue with its resistance, coaxing density into lightness, giving metal the breath of air and ocean. I engage the genome, inviting a domesticated animal to reveal the layers of our shared history. Each crossing is less an act of control than of listening—to biology, to chance, to the stubborn vitality of life itself. In this duet, nature is no less the artist than I am. Both practices—Chillida's and mine—confront limits: of matter, of biology, of imagination. His curves were forged by workers who once said 'this cannot be done', until it was. My crossings are hosted by farmers who open barns and bloodlines to

FR

Trente générations. Trente croisements. Trente ans de dialogue avec la vie elle-même. *Limina* marque un seuil où l'art devient un système vivant et le poulet, familier mais invisible, constitue la clé de la compréhension de notre existence fragile. Le titre évoque à la fois le temps et le lieu : le rythme lent de l'évolution qui côtoie le tempo accéléré de la domestication.

Nous sommes des créatures liées au temps, et pourtant, nous ne cessons d'y résister. L'évolution est comme une rivière formant des paysages au fil de millions d'années. Les mains humaines ont soif de rapidité : nous récoltons, nous sélectionnons, nous compressons les siècles en saisons. Dans mon *Cosmopolitan Chicken Project (CCP)* [Projet Poulet cosmopolite], ces deux horloges entrent en conflit. L'oiseau porte le lent pouls de la terre, mais également le battement accéléré du désir humain.

Ce projet a été dès le début ma façon de construire à l'aide de la biologie. Pas de pierre ni d'acier, mais des lignées et des œufs. Née du croisement de deux races emblématiques, chaque génération incarne l'histoire, la géographie et la survie. Chacune d'elles nous rappellent que la diversité est le seul moteur de la continuité. Reproduire c'est construire : os par os, plume par plume, l'ADN s'enroulant en spirale telle une cathédrale vivante. Ces fondations respirent.

À Chillida Leku, mon travail dialogue avec Eduardo Chillida : un artiste qui courbait le fer en concertation avec sa résistance, qui parvenait à transformer la densité en légèreté, à insuffler au métal la brise de l'air et de l'océan. Je m'intéresse au génome en dévoilant les couches de notre histoire partagée à travers un animal domestiqué. Plus qu'un acte de contrôle, chaque croisement est un acte d'écoute (de la biologie, du hasard, de la vitalité tenace de la vie elle-même). Dans ce duo, la nature est tout autant artiste que moi. Les deux pratiques

ez da ni baino artista txikiagoa. Bi jardunek, Chillidarenak eta nireak, aurre egiten diete mugei, materiaren, biologiaren edo irudimenaren mugei. Haren kurbak langileek forjatu zituzten, eta haiek esaten zuten "hau ezin da egin", egin izan zen arte. Nire gurutzatzeak nekazariek egiten dituzte, esperimentuari ukuiluak eta leinuak eskainita. Habe tolestuarekiko harrotasuna, hibrido oskoletik atera berriarekiko harrotasunaren pare.

Atalaseetan barneko bidaia gisa garatzen da erakusketa hau. Kanpoan, belar altutik ateratzen da *T-Rex* atzapar berealdikoa, *Instead of Sleeping* [Lo egin ordez], non sitsak argi hauskorrean biltzen diren, eta baita *Paradise Lost* [Paradisu galdua]-eko arrautza orbangabea ere. Parkearen bihotzean Chillidaren Zabalaga baserria altxatzen da, gorputz hibrido birmoldatuta. Sarreraren alde batean Mechelse Jærhøns (CCP29) eta Euskal Oiloa daude, eta bestean bien ondorengoa: Mechelse Euskalduna (CCP30) eta Musuzuri Espainiar bat. Haren tunelean zehar ibiltzea behatua sentitzea da, hezia. Hemen, arkitektura bera da antzezle, tokikoaren eta globalaren, ondarearen eta mutazioaren, naturaren eta kulturaren arteko tentsioa irudikatuz.

Barruan, hiru ekitaldi agertzen dira. Lehen ekitaldia, "Jatorria": non *In Transit* [Iragaitzaz] bideo-lanak eta *Natural Knowledge* [Jakintza naturala] eskulturak —jatorrizko oiloaren oinak jakintza-liburuen gainean— gurutzatze guztien antzinako itzala aurkezten dute. Bigarren ekitaldia, "Etxekotzea": oilo kosmopoliten erretratu handituak, txita bat besarkatzen duen esku bat eta *Breaking the Cage* [Kaiola apurtuz] instalazioa —arrautzak eta ugalketa-lanparak leihoetan sartuta metalezko markoetan—, heztearen harroa eta zigorra agerian utzita. Neon batek funtsezko egia bat gorpuzten du: globala tokikoaren eskuzabaltasunari esker baino ezin da existitu. Eta hirugarren ekitaldia, "Gurutzatzea": DNAren kate argitsuak presiopean, CCP-en genealogiaren sekretu irekia eta *Coming World* [Etortzeko dagoen mundua]-ren potentzial fosilizatua. Hibridazioa hemen ez da ikuskizunik, biziraupen baizik: halabeharraren, erresistentziaren eta zaharberritzearen artxibo bizia.

Nire aurretik flandriar maisuek bezala, nire lanak arruntaren baitan den ohiz kanpokoa agerian uzten du. Oiloa inoiz ez da oiloa bakarrik, Brueghelen paisaia ere inoiz ez zen bezala paisaia bakarrik. Brueghelen *Edengo lorategia*-k izaki guztiak mihise bakarrean bildu zituen; nik gorputz hauskor bakarrean ditut biltzen. Biak garai

de Chillida y el mío— hacen frente a los límites: de la materia, la biología, la imaginación. Sus curvas fueron forjadas por trabajadores que decían «esto no se puede hacer», hasta que se pudo. Mis cruces son acogidos por agricultores que abren granjas y linajes al experimento. El orgullo por una viga doblada es imagen y semejanza del orgullo por un híbrido recién nacido.

Esta exposición se desarrolla en forma de viaje que atraviesa umbrales. Ya antes de entrar, entre la hierba alta asoman la monumental garra *T-Rex*, la obra *Instead of Sleeping* [En lugar de dormir], donde las polillas se reúnen en torno a una luz frágil, y el huevo prístino de *Paradise Lost* [Paraíso perdido]. En el corazón del parque se alza la granja Zabalaga de Chillida, transformada en un cuerpo híbrido. Flanquean la entrada, a un lado, las gallinas Mechelse Jærhøns (CCP29) y las Euskal Oiloa y, al otro, sus descendientes las Mechelse Euskalduna (CCP30) y una Española Carablanca. Recorrer el túnel es sentirse observado, domesticado. Aquí actúa la propia arquitectura, escenifica la tensión entre lo local y lo global, patrimonio y mutación, naturaleza y cultura.

Dentro presenciamos el desarrollo de tres actos. El primer acto, «Origen»: la videoinstalación *In Transit* [En tránsito] y la escultura *Natural Knowledge* [Conocimiento natural] —las patas del pollo primigenio apoyados sobre libros de conocimiento— evocan la sombra ancestral de todos los cruces. El segundo acto, «Domesticación»: retratos ampliados de pollos cosmopolitas, una mano acunando un pollito y la instalación *Breaking the Cage* [Romper la jaula] —marcos metálicos con huevos y lámparas de cría contra las ventanas— revelan al mismo tiempo el orgullo y la prisión de la domesticación. El neón encarna una verdad esencial: lo global solo puede existir gracias a la generosidad de lo local. Y el tercer acto, «Cruce»: hileras luminosas de ADN bajo presión, el secreto a voces del pedigrí del proyecto CCP y el potencial fosilizado de *Coming World* [El mundo que viene]. Aquí la hibridación no se escenifica como espectáculo, sino como supervivencia: un archivo vivo del azar, la resistencia y la renovación.

A imagen de mis predecesores, los maestros flamencos, mi obra descubre lo inquietante en lo cotidiano. Un pollo nunca es solo un pollo, como un paisaje de Brueghel nunca es solo un paisaje. *El Jardín del Edén* reúne a todos los seres en un solo lienzo; yo los integro en un solo organismo frágil. Ambos pertenecemos a épocas

the experiment. Pride in a bent beam mirrors the pride in a hatched hybrid.

This exhibition unfolds as a journey through thresholds. Outside, emerging from the tall grass are the monumental *T-Rex* claw, *Instead of Sleeping*, where moths gather in fragile light, and the pristine egg of *Paradise Lost*. At the heart of the park rises Chillida's Zabalaga farmhouse, reshaped into a hybrid body. Its entrance is flanked on one side by the Mechelse Jærhøns (CCP29) and the Euskal Oiloa, and on the other by their offspring: the Mechelse Euskalduna (CCP30) and a White-faced Spanish. To walk through its tunnel is to feel observed, domesticated. Here, architecture itself performs, staging the tension between local and global, heritage and mutation, nature and culture.

Inside, three acts unfold. Act I, 'Origin': where the video work *In Transit* and the sculpture *Natural Knowledge*—the feet of the primal chicken on books of knowledge—present the ancestral shadow of all crossings. Act II 'Domestication': enlarged portraits of Cosmopolitan chickens, a hand cradling a chick, and the installation *Breaking the Cage*—metal frames with eggs and breeding lamps pressed against the windows—exposing both the pride and the prison of domestication. A neon work embodies a vital truth: the global can only exist through the generosity of the local. And Act III 'Crossing': luminous strands of DNA under pressure, the open secret of the CCP pedigree, and the fossilised potential of *Coming World*. Hybridity here is staged not as spectacle but as survival: a living archive of chance, resistance, and renewal.

Like the Flemish masters before me, my work reveals the uncanny within the ordinary. A chicken is never only a chicken, just as a Brueghel landscape was never only a landscape. Brueghel's *Garden of Eden* assembled every creature on one canvas; I gather them into one fragile body. Both belonging to hinge-times—Brueghel amid the upheavals of the Reformation, I in today's turbulence—when identity and diversity are at stake. In this lineage, I see *Limina* as a continuation of that tradition: not only chronicling crisis, but proposing hybridity as a way forward.

The guiding question is inexhaustible yet straightforward: what is domestication, if not the human desire to bend time? We compress the *longue durée* into the span of a harvest or a meal. But speed brings fragility. A

(celle de Chillida et la mienne) défient les limites, la matière, la biologie, l'imagination. Ses courbes ont été forgées par des travailleurs qui disaient « c'est impossible » jusqu'à ce que ça le soit. Mes croisements sont hébergés par des fermiers qui ont ouvert leurs fermes et leurs lignées à l'expérience. La fierté d'une poutre incurvée se reflète dans la fierté d'un hybride éclos.

Cette exposition se déroule tel un voyage à travers des seuils. Dehors, au milieu des hautes herbes, s'érigent la sculpture monumentale des griffes de *T-Rex*, l'œuvre *Instead of Sleeping* [Au lieu de dormir], où les papillons de nuit se rassemblent autour d'une lumière fragile, et l'œuf immaculé de *Paradise Lost* [Paradis perdu]. Au milieu du parc se dresse la ferme Zalabaga de Chillida, remodelée en corps hybride. Son entrée est flanquée d'un côté par le Mechelse Jærhøns (CCP29) et l'Euskal Oiloa, de l'autre, par leur progéniture : le Mechelse Euskalduna (CCP30) et l'Espagnol à face blanche. Traverser ce tunnel, c'est se sentir observé, domestiqué. Ici, l'architecture elle-même « joue », met en scène la tension entre le local et le global, l'héritage et la mutation, la nature et la culture.

À l'intérieur, trois actes se déroulent. Acte I, «Origine» : l'œuvre vidéo *In Transit* [En Transit] et la sculpture *Natural Knowledge* [Connaissances naturelles] (les pattes du premier poulet sur les livres de la connaissance) présentent l'ombre ancestrale de tous les croisements. Acte II «Domestication» : des portraits agrandis de poulets cosmopolites, une main berçant un poussin et l'installation *Breaking the Cage* [Casser la cage] (des structures métalliques avec des œufs et des lampes chauffantes collées aux fenêtres) exposent à la fois la fierté et la prison de la domestication. Le néon incarne une vérité essentielle : le global n'existe que grâce à la générosité du local. Acte III «Croisement» : des brins d'ADN lumineux sous pression, le secret de polichinelle du pedigree du CCP, et le potentiel fossilisé de *Coming World* [Le monde à venir]. Ici, l'hybridité n'est pas mise en scène comme un spectacle, mais comme une survivance : une archive vivante du hasard, de la résistance et du renouvellement.

À l'instar de l'œuvre des maîtres flamands avant moi, mon travail révèle l'aspect étrange de l'ordinaire. Un poulet est plus qu'un poulet, de même qu'un paysage de Brueghel est plus qu'un paysage. Le *Jardin d'Éden* de Brueghel rassemble toutes les créatures sur une même toile ; je les rassemble dans un seul corps fragile. Nous appartenons tous deux à des époques charnières (lui,

giltzarrian —Erreformaren iskanbilen erdian bera, ni gaur egungo zurrunbiloan—, identitatea eta aniztasuna jokoan daudela. Ildo honetan, *Limina* tradizio horren jarraipen gisa ikusten dut: krisiaren kronika ez ezik, hibridazioa aurrera egiteko bide gisa proposatuta.

Galdera nagusia agortezina da, baina zuzena: zer da etxekotzea, denbora menderatu nahi gizatiarra baizik? Iraupen luzea uzta edo otordu baten neurrira konprimitzen dugu. Baina abiadurak hauskortasuna dakar. Monolaborantzak porrot egiten du lehen astinaldiarekin; gurutzatzeak, tokikoa globalera irekitzearen eskuzabaltasunak, baino ez dio bizitasuna bermatzen. Gurutzatzea ez da garaipena. Begirunea eskatzen du: harrera egiten duen lurrarentzat, umea egiteko dagoen aberearentzat, beren etxolak eta leinuak eskaintzen dituzten komunitateentzat. Begirunerik gabe, hibridazioa erauzketa bihurtzen da; begirunearekin, zaharberritze.

Limina ez da ikusteko erakusketa hutsa. Zeharkatu beharrreko sistema bizia da, bizi beharrekoa. Bisitariari eskatzen dio eremu batera sartzeko, non gizakiak jada ez diren jaun eta jabeak, parte-hartzaileak baizik, non oiloak ez diren jada ikusezin, protagonista baizik. Espezieen arteko mugak ez ezik, biziraupenaren atalaseak ere birpentsatzeko gonbidapena da. Jarrera, pazientzia eta elkarrekikotasuna eskatzen ditu: mantsoago mugitu, luzeago begiratu, bueltako begirada onartzea. Berpizkunde kosmopolita galdegiten du: hibridazioa bera tradizio berri bihurtzeko saiakera.

Hogeita hamar belaunaldi ez dira soilik bizialdi bat, baizik eta hasiera bat. Chillidaren *Haizearen orrazia* bezala, eskuz forjatu baina itsasoak eta haizeak etengabe moldatuta, oiloaren genomak work in progress bat izaten jarraitzen du, beti hurrengo gurutzaketaren zain, hurrengo eskuaren zain. *Limina* ez da amaiera bat, abisuzko argia baizik. Euskal mendien artean altxatu eta Chillidaren eskuzabaltasun eta ondarearen baitan kokaturik, lagunak eskatzen ditu. *Cosmopolitan Chicken Project*-ek ez du jarraituko beste batzuek ez badiote beren lurrean habia egiten, sustraiak hartzen eta hegal berriak hazten uzten. Deialdia irekita dago. Hurrengo atala zain.

de transición —él en medio de las convulsiones de la Reforma, yo en las turbulencias de la época actual— en las que la sociedad se juega su identidad y su diversidad. En esta herencia, para mí *Limina* continúa la tradición: no es solo una crónica de la crisis, sino una propuesta de la hibridación como camino a seguir.

La pregunta principal es inagotable pero directa: ¿qué es la domesticación sino el deseo humano de doblegar el tiempo? Comprimimos procesos de larga duración en la duración de una cosecha o de una comida. Pero la velocidad significa fragilidad. Un monocultivo se desploma al primer impacto; la vitalidad solo es sostenida por el cruce, la generosidad de lo local abriéndose a lo global. Pero cruzar no es conquistar. Exige respeto: hacia la tierra que acoge, el animal que porta, las comunidades que abren sus granjas y sus estirpes. Sin respeto, la hibridación se convierte en extracción; con él, se convierte en renovación.

Limina no es solo una exposición para ver. Es un organismo vivo que se recorre, que se habita. Insta al visitante a entrar en una zona donde los seres humanos dejan de ser los amos y se convierten en participantes; donde los pollos dejan de ser invisibles y se tornan protagonistas. Es una invitación a replantearse no solo los límites entre especies, sino los propios umbrales de la supervivencia. Requiere postura, paciencia y reciprocidad: moverse más despacio, mirar más tiempo, aceptar la mirada devuelta. Llama a un Renacimiento Cosmopolita: un intento de dejar que la hibridación se convierta en una nueva tradición.

Treinta generaciones no marcan solo una vida, marcan un comienzo. Como el *Peine del viento* de Chillida, forjado a mano, pero esculpido sin cesar por el mar y el viento, el genoma del pollo sigue siendo una obra inacabada, siempre a la espera del siguiente cruce, de la siguiente mano. *Limina* no es un final, sino una señal de alerta. Irguiéndose de entre las montañas vascas, acogida por la generosidad y el legado de Chillida, lanza una convocatoria. El *Cosmopolitan Chicken Project* solo continuará si otros le permiten anidar en su tierra, echar raíces y desplegar nuevas alas. La llamada está hecha. El próximo capítulo aguarda.

monoculture collapses at the first shock; only crossing, the generosity of the local opening to the global, sustains vitality. Yet crossing is not conquest. It requires respect: for the soil that hosts, for the animal that carries, for the communities that open their barns and bloodlines. Without respect, hybridity becomes extraction; with it, it becomes renewal.

Limina is not just an exhibition to be contemplated; it is a living system to be traversed, inhabited. It asks the visitor to enter a zone where humans are no longer masters but participants, where chickens are no longer invisible but protagonists. It is an invitation to rethink not only the boundaries of species, but the very thresholds of survival. It asks for posture, patience, and reciprocity: to move slower, to look longer, to accept the gaze returned. It calls for a Cosmopolitan Renaissance: an attempt to let hybridity itself become a new tradition.

Thirty generations mark not just a lifespan, but a beginning. Like Chillida's *Peine del viento,* [Comb of the wind] forged by hand yet ceaselessly shaped by sea and wind, the chicken's genome remains a work in progress, always awaiting the next crossing, the next hand. *Limina* is not an ending but a signal flare. Rising between the Basque mountains, held within Chillida's generosity and legacy, it calls for companions. The *Cosmopolitan Chicken* will only continue if others let it nest in their soil, take root, and grow new wings. The call is open. The next chapter awaits.

GLOBALA TOKIKOAREN ESKUZABALTASUNARI ESKER BAINO EZ DA EXISTITZEN / LO GLOBAL SOLO EXISTE POR LA GENEROSIDAD DE LO LOCAL / THE GLOBAL ONLY EXISTS BY THE GENEROSITY OF THE LOCAL / LE GLOBAL N'EXISTE QUE PAR LA GÉNÉROSITÉ DU LOCAL

KOEN VANMECHELEN

en plein bouleversement de la Réforme ; moi, dans les troubles de notre époque) mettant en jeu l'identité et la diversité. Dans cette lignée, je vois *Limina* comme une continuation de cette tradition : elle fait non seulement la chronique de crises, mais propose en outre l'hybridité comme solution pour aller de l'avant.

La question directrice est inépuisable et simple à la fois : qu'est-ce que la domestication, si ce n'est le désir humain de courber le temps ? Nous compressons la longue durée en un laps de temps équivalent à une récolte ou à un repas. Cependant, la vitesse amène la fragilité. Une monoculture s'effondre au premier choc ; seul le croisement, la générosité du local s'ouvrant au global, permet de soutenir la vitalité. Le croisement n'est toutefois pas une conquête. Il exige du respect : envers le sol qui accueille, envers l'animal qui porte, envers les communautés qui ouvrent leurs fermes et leurs lignées. Sans respect, l'hybridité est une extraction ; avec respect, elle est un renouvellement.

Limina n'est pas une simple exposition à contempler. Il s'agit d'un système vivant à traverser, à habiter. Elle demande au visiteur de pénétrer dans une zone où les humains ne sont plus des maîtres mais des participants, où les poulets ne sont plus invisibles mais protagonistes. C'est une invitation à repenser non seulement les frontières entre les espèces, mais également les seuils mêmes de la survie. L'exposition exige une posture, de la patience et de la réciprocité : se déplacer plus lentement, regarder plus longuement, accepter le regard renvoyé. Elle fait appel à la renaissance cosmopolite : une tentative de laisser l'hybridité devenir une nouvelle tradition.

Trente générations représentent à la fois une vie et un commencement. De même que le *Peine del viento* [Peigne du vent] de Chillida, forgé à la main mais continuellement façonné par la mer et le vent, le génome de poulet demeure une œuvre en cours, dans l'attente du prochain croisement, de la prochaine main. *Limina* n'est pas une fin, c'est un signal lumineux. Se dressant entre les montagnes basques, sous l'égide de la générosité et de l'héritage de Chillida, elle appelle des compagnons. Le projet *Cosmopolitan Chicken* ne pourra se poursuivre que si d'autres personnes lui permettent de nicher sur leur sol, de prendre racine et de déployer ses nouvelles ailes. L'appel est passé. Le prochain chapitre attend.

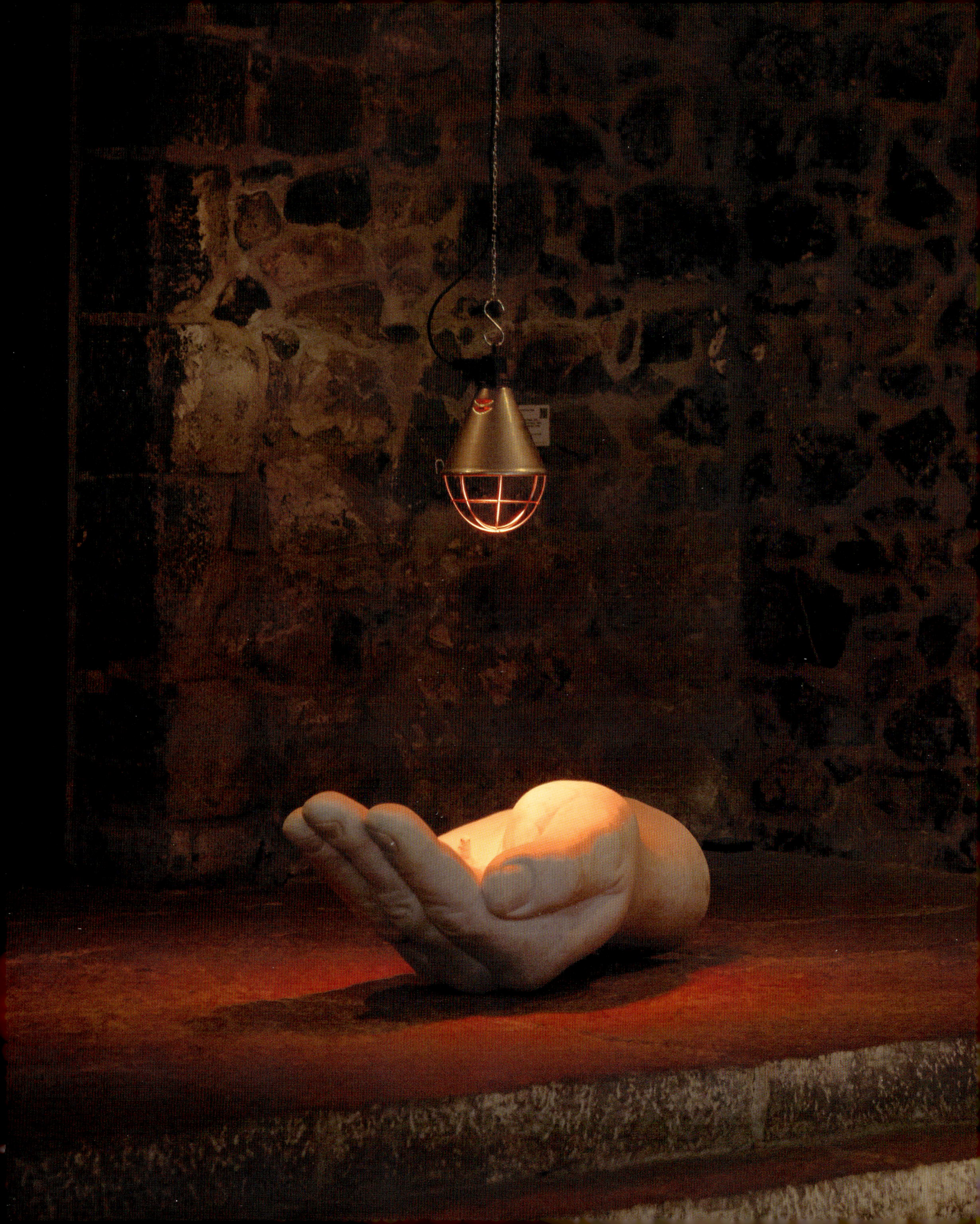

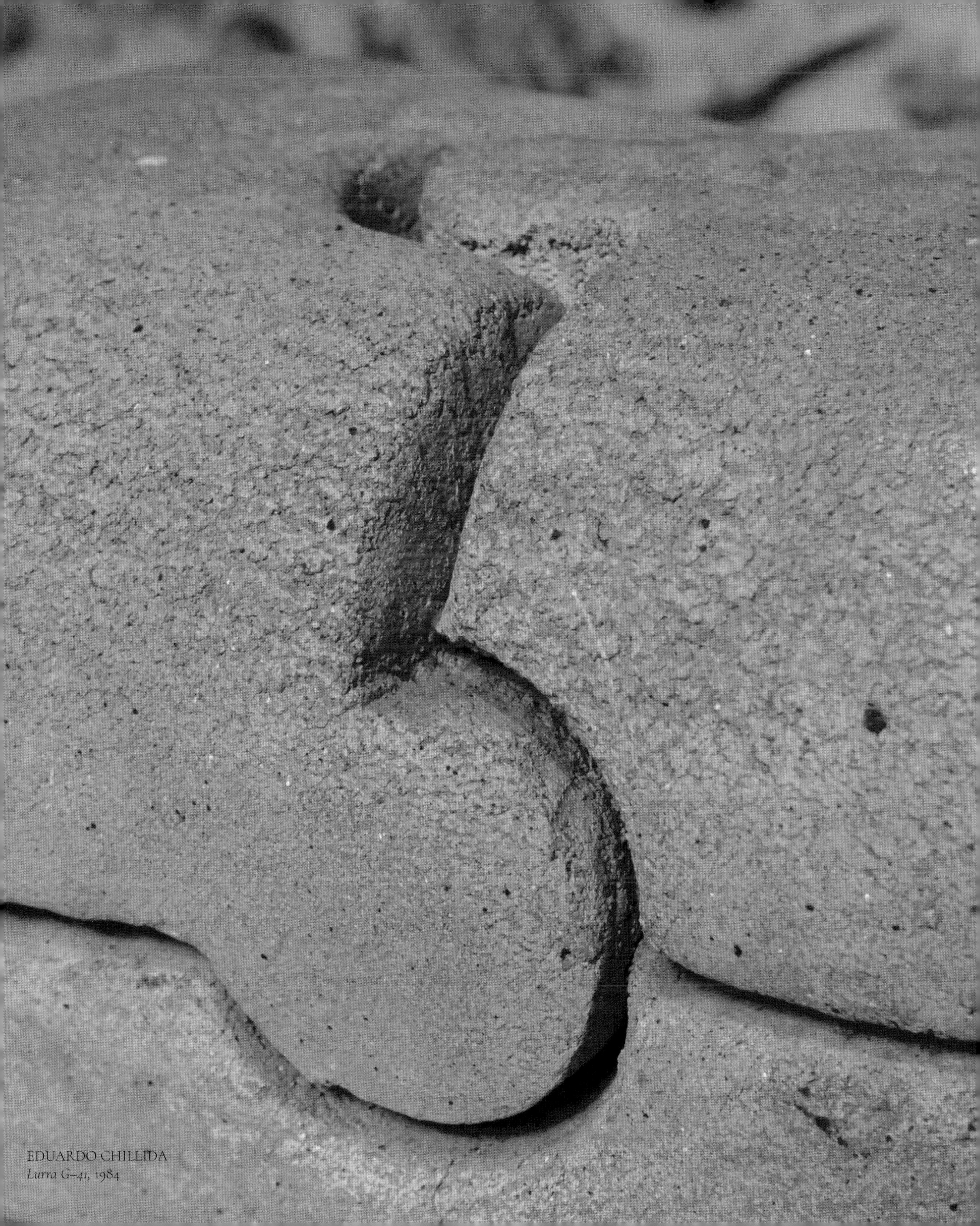

EDUARDO CHILLIDA
Lurra G–41, 1984

VICTORIA COLLAR
JON GARBIZU
GONZALO PEÑA

KOMISARIOAK

EU

IKUSEZINTASUNA, HIERARKIAK, INTENTSITATEAK ETA BILAKAERAK

Lanerako bidean, hiritar batek animalia askorekin du —berrogeita hamar eta berrehun animalia bitartean— ezjakinean harremanen bat. Ikusezintasun hori kultura-ikasketa luzearen emaitza da: begirada hezi dugu, gizatasunaren eskalari ez dagokiona hautemate-eremutik kanpo utzi arte. Mendetan erakutsi zaigu bereizten, izendatzen, hierarkizatzen. Aristotelesek[1], *Animalien Historia*-n, espezieak antolatu zituen, gizakia ororen buru egiten zuen ordena baten pieza izanik. Tomas Akinokoak[2], *Summa Theologiae*-n, arima arraziodunen eta piztien arteko bereizketa ezarri zuen, ustezko nagusitasun morala legitimatuz. Linneok[3] taxonomia modernoa gauzatu zuen, bizidunak sistema itxi batean sailkatuta, eta Darwinek[4], *Espezieen jatorria*-rekin, eboluzioa ekarri zuen, lehiaren eta egokitzapenaren kontakizun gisa. Diskurtso desberdinak, baina ondorio berean bat egiten dutenak: animalien bizitza kategoria funtzionaletan zatitzen da eta gizakia erdigunean kokatzen da, izendatzeko, erabiltzeko eta hezteko ahalmenaz hornitua.

Hortaz, inguratzen gaituena ikusezin bihurtu zen. Ikusezin bihurtzea ez da ezabatzea, zerbaitek aintzatespenik gabe jarduten uztea baizik. Ikusezin denak bizitzari eusten dio, paisaiak moldatzen

[1] Aristoteles, *Historia de los animales*, itzul. A. García Yebra, Gredos, Madril, 1987.
[2] Tomas Akinokoa, *Summa Theologiae*, ca. 1265-1274.
[3] Carl Linnaeus, *Systema Naturae*, 1735.
[4] Charles Darwin, *On the Origin of Species by Means of Natural Selection*, John Murray, Londres, 1859.

COMISARIOS

ES

INVISIBILIDAD, JERARQUÍAS, INTENSIDADES Y DEVENIRES

Camino al trabajo, un ciudadano interactúa, de manera inconsciente, con entre cincuenta y doscientos animales. Esa invisibilidad es resultado de un largo aprendizaje cultural: hemos domesticado la mirada hasta el punto de excluir del campo perceptivo lo que no pertenece a la escala de lo humano. Durante siglos se nos enseñó a separar, a nombrar, a jerarquizar. Aristóteles,[1] en *La historia de los animales,* organizó las especies como piezas de un orden que culminaba en el ser humano. Tomás de Aquino,[2] en la *Summa Theologiae,* estableció la diferencia entre almas racionales y animales, legitimando una supuesta superioridad moral. Linneo[3] cristalizó la taxonomía moderna, clasificando lo vivo en un sistema cerrado, mientras Darwin,[4] con *El origen de las especies,* introdujo la evolución como relato de competencia y adaptación. Discursos distintos, pero convergentes en la misma consecuencia: la vida animal se fragmenta en categorías funcionales y el ser humano se coloca en el centro, investido con la potestad de nombrar, usar y domesticar.

Así, lo que nos rodea quedó invisibilizado. Invisibilizar no es borrar, es permitir que algo actúe sin reconocimiento. Lo invisible sostiene la vida, moldea paisajes,

[1] Aristóteles, *Historia de los animales*, trad. A. García Yebra. Madrid: Gredos, 1987.
[2] Tomás de Aquino, *Summa Theologiae*, ca. 1265-1274.
[3] Carl Linnaeus, *Systema Naturae*, 1735.
[4] Charles Darwin, *On the Origin of Species by Means of Natural Selection.* Londres: John Murray, 1859.

EN

INVISIBILITY, HIERARCHIES, INTENSITIES, AND BECOMINGS

On their way to work, a person unconsciously interacts with between fifty and two hundred animals. That invisibility is the result of long cultural conditioning: we have domesticated our gaze to the point of excluding from our field of perception everything that does not belong to the human scale. For centuries we were taught to separate, to name, to hierarchise. Aristotle,[1] in *The History of Animals*, arranged species within an order that culminated in the human being. Thomas Aquinas,[2] in the *Summa Theologiae*, established a distinction between rational and animal souls, legitimising a supposed moral superiority. Linnaeus[3] crystallised modern taxonomy, classifying living beings within a closed system, while Darwin,[4] with *On the Origin of Species*, introduced evolution as a narrative of competition and adaptation. Distinct discourses, yet all converging toward the same outcome: animal life fragmented into functional categories, and the human positioned at the centre—endowed with the power to name, to use, and to domesticate.

Thus, what surrounds us became invisible. To render something invisible is not to erase it, but to allow it to act without recognition. The invisible sustains life, shapes landscapes, and affects our

[1] Aristotle, *The History of Animals*, trans. by D'Arcy Wentworth Thompson. Oxford, 1910.
[2] Thomas Aquinas, *Summa Theologiae*, ca. 1265–1274.
[3] Carl Linnaeus, *Systema Naturae*, 1735.
[4] Charles Darwin, *On the Origin of Species by Means of Natural Selection*. London: John Murray, 1859.

FR

INVISIBILITÉ, HIÉRARCHIES, INTENSITÉS ET DEVENIRS

Sur le chemin du travail, un citoyen interagit inconsciemment avec un nombre d'animaux allant de cinquante à deux cents. Cette invisibilité est le résultat d'un long apprentissage culturel : nous avons domestiqué le regard au point d'exclure du champ perceptif ce qui n'appartient pas à l'échelle humaine. Pendant des siècles, nous avons appris à séparer, à nommer, à hiérarchiser. Dans son *Histoire des animaux*, Aristote[1] organise les espèces telles les pièces d'un ordre dominé par l'être humain. Dans *Summa Theologiae*, Thomas d'Aquin[2] établit la différence entre les âmes rationnelles et les âmes animales et légitime une prétendue supériorité morale. Linné[3] fixe la taxonomie moderne et classe le vivant selon un système fermé, tandis que Darwin[4] introduit dans *L'Origine des espèces* le concept d'évolution en tant que récit de compétence et d'adaptation. Des discours distincts mais qui convergent vers la même conséquence : la vie animale est fragmentée en catégories fonctionnelles et l'être humain est placé au centre, investi de la prérogative de nommer, d'utiliser et de domestiquer.

Ainsi, ce qui nous entoure est devenu invisible. Rendre invisible ce n'est pas effacer, c'est permettre que quelque chose agisse sans

[1] Aristote, *Histoire des animaux*, vers 343 av. J.-C. Traduction française publiée en 1783 à Paris.
[2] Thomas d'Aquin, *Summa Theologiae*, vers 1265-1274.
[3] Carl Linnaeus, *Systema Naturae*, 1735.
[4] Charles Darwin, *On the Origin of Species by Means of Natural Selection*. Londres : John Murray, 1859.

ditu, gure errealitateari eragiten dio, baina kontakizun kontzientetik kanpo geratzen da. Bazterreko eremu horretan posible egiten gaituen hori pilatzen da eta, aldi berean, ikusten ez dakigun hori.

Limina pitzadura horretatik abiatzen da: zer gertatzen da, ikusezintasuna huts mantendu beharrean, intentsitate gisa esperimentatzen ikasten badugu? Zer gertatzen da ezkutatutakoa zabaltzen denean, ez lagin moduan, baizik eta gure pertzepzioa aztoratzen duen dardara gisa? Koen Vanmechelenen *Cosmopolitan Chicken Project (CCP30)* egitasmoaren hogeita hamargarren ediziorako, Chillida Lekuk, aldi baterako arku bilakatuta, Vanmechelenen artelanen hautaketa zainduaren bidez, gizakien eta animalien arteko harremanen eraikuntza kulturala zalantzan jartzen duen esperientzia eskaintzen du. Ez da muga bat, gizatiarra eta ez-gizatiarra, etxekotua eta basatia, ikusgarria eta gordea bereizten dituena. Igarobide bat da, non guztia nahastu eta birmoldatzen den. Atalase honetan, ez du errebelazio batek ikusezintasuna baliogabetzen; horren ordez, ezegonkortzen duen presentzia bihurtzen da.

Belarra ez moztea bezain keinu sinplea aski da mendeetako ikasketak desagerrarazteko. Belar altuak gorputza desbideratzera, zurtoinak ukitzera, intsektuak entzutera behartzen du. Lur hezia zena basati bihurtzen da. Bisitariak, ibilbide marraztuetan ibiltzera ohituta, deskubritzen du ezen mugitzea nor bere burua arriskuan jartzea dela: urrats bakoitzak lehen oharkabean pasatutako presentziekiko lotura aktibatzen du. Belarra esperientzia sentsorial baten katalizatzaile bihurtzen da, non ikusezin den horrek intentsitate gisa egiten duen agerraldi.

Ikusezinaren baitan, Vanmechelen *Instead of Sleeping* [Lo egin ordez] lana aireaz mintzo zaigu, itxuraz hutsik baina bizitzaz gainezka agertzen den aireaz. Gaueko sitsek, apenas hiru egunetan identifikatutako ehun eta berrogeita hamar espeziek, hutsik zirudien espazioa betetzen dute. Argiak harrapatutako zazpiehun gorputz hegaldun; beste hainbeste, erregistratu gabe ihes egiten dutenak. Arnasten dugun "hutsune" hori inoiz ez da hutsune, intentsitate partekatuko eremua baizik.

Jakob von Uexküllek[5] (1864–1944) bere lana eskaini zion erakusteari errealitatea eszenatoki partekatua ez dela, baizik eta mundu-aniztasun bat. *Umwelt* izena eman zion organismo bakoitzak

[5] Jakob von Uexküll, *Umwelt und Innenwelt der Tiere*, Springer, Berlin, 1909.

afecta nuestra realidad, pero permanece fuera del relato consciente. En esa zona marginal se acumula lo que nos hace posibles y, al mismo tiempo, lo que no sabemos ver.

Limina parte de esa fisura: ¿qué ocurre si, en lugar de sostener la invisibilidad como ausencia, aprendemos a experimentarla como intensidad? ¿Qué sucede cuando lo oculto se despliega no como muestra, sino como vibración que altera nuestra percepción? Para la 30.ª edición del *Cosmopolitan Chicken Project (CCP30)* de Koen Vanmechelen, Chillida Leku se transforma en un arco temporal que, a través de una cuidada selección de obras del artista, ofrece una experiencia que cuestiona la construcción cultural de las relaciones entre los seres humanos y los demás animales. No es una frontera que separa lo humano de lo no humano, lo doméstico de lo salvaje, lo visible de lo oculto. Es un pasaje en el que todo se mezcla y se reconfigura. En este umbral, la invisibilidad no se cancela con una revelación, sino que se transforma en una presencia que desestabiliza.

Un gesto tan sencillo como no cortar la hierba basta para desplazar siglos de aprendizaje. La hierba alta obliga al cuerpo a desviarse, a rozar tallos, a escuchar insectos. Lo que era suelo domesticado se vuelve territorio indómito. El visitante, acostumbrado a caminar por senderos trazados, descubre que moverse es exponerse: cada paso activa un contacto con presencias antes inadvertidas. La hierba se convierte en catalizador de una experiencia sensorial en la que lo invisible irrumpe como intensidad.

Dentro de lo invisible, la obra de Vanmechelen *Instead of Sleeping* nos habla del aire, aparentemente vacío, que se revela saturado de vida. Polillas nocturnas, más de ciento cincuenta especies identificadas en apenas tres días, pueblan el espacio que parecía desierto. Setecientos cuerpos alados capturados por la luz, otros tantos que escapan sin registro. Ese «vacío» que respiramos nunca es un vacío, sino un campo de intensidades compartido.

Jakob von Uexküll[5] (1864-1944) dedicó su obra a demostrar que la realidad no es un escenario compartido, sino una multiplicidad de mundos. Llamó *Umwelt* al entorno singular que cada organismo construye según sus propias capacidades perceptivas. Para él, ningún ser

[5] Jakob von Uexküll, *Umwelt und Innenwelt der Tiere*. Berlín: Springer, 1909.

reality, yet remains outside the field of conscious narrative. In that marginal zone lies everything that makes us possible—and, at the same time, everything we have forgotten how to see.

Limina begins from that fissure: What happens if, instead of maintaining invisibility as absence, we learn to experience it as intensity? What occurs when the hidden unfolds not as spectacle, but as a vibration that alters our perception? For the thirtieth edition of Koen Vanmechelen's *Cosmopolitan Chicken Project (CCP30)*, Chillida Leku is transformed into a temporal arch that, through a careful selection of Vanmechelen's artworks, offers an experience challenging the cultural construction of relationships between humans and animals. It is not a frontier dividing the human from the nonhuman, the domestic from the wild, the visible from the hidden, but a passage in which everything intermingles and reconfigures itself. In this threshold, invisibility is not cancelled through revelation, but transformed into a presence that unsettles.

A gesture as simple as not cutting the grass is enough to undo centuries of conditioning. The tall grass forces the body to adjust, to brush against stems, to listen to insects. What was once domesticated ground becomes untamed terrain. The visitor, accustomed to walking along marked paths, discovers that to move is to become exposed: each step initiates contact with presences previously unnoticed. The grass becomes a catalyst for a sensory experience in which the invisible erupts as intensity.

Within this invisibility, Koen Vanmechelen's *Instead of Sleeping* speaks to us of air—seemingly empty yet teeming with life. Night moths, more than one hundred and fifty species identified in just three days, populate a space that once appeared deserted. Seven hundred winged bodies caught in the light, as many others escaping unrecorded. The 'void' we breathe is never truly empty, but a field of shared intensities.

Jakob von Uexküll[5] (1864–1944) devoted his work to demonstrating that reality is not a single shared stage, but a multiplicity of worlds. He called *Umwelt* the unique environment each organism constructs according to its own perceptual capacities. For him, no living being inhabits an objective, common world; what exists is a plurality of

[5] Jakob von Uexküll, *Umwelt und Innenwelt der Tiere*. Berlin: Springer, 1909.

reconnaissance. L'invisible soutient la vie, façonne les paysages, affecte notre réalité, mais reste à l'écart du récit conscient. Dans cette zone marginale s'accumule ce qui nous rend possibles et que nous ne savons pourtant pas voir.

Limina s'appuie sur cette fissure : que se passe-t-il si, au lieu de soutenir l'invisibilité comme absence, nous apprenons à la vivre comme intensité ? Que se produit-il lorsque ce qui est dissimulé se dévoile non pas comme une exposition mais comme une vibration modifiant notre perception ? À l'occasion de la 30e édition du *Cosmopolitan Chicken Project (CCP30)* de Koen Vanmechelen, Chillida Leku est transformé en un arc temporel qui, par le biais d'une minutieuse sélection d'œuvres de Vanmechelen, propose une expérience remettant en question la construction culturelle des rapports entre humains et animaux. Il ne s'agit pas d'une frontière qui sépare l'humain du non-humain, le domestique du sauvage, le visible du dissimulé. Il s'agit d'un passage où tout se mêle et se reconfigure. Sur ce seuil, l'invisibilité ne se résout pas par une révélation, mais se transforme en une présence qui déstabilise.

Un geste aussi simple que ne pas couper l'herbe suffit à déranger des siècles d'apprentissage. L'herbe haute oblige le corps à s'écarter, à frôler les tiges, à écouter les insectes. Ce qui était sol domestiqué devient territoire indomptable. Le visiteur, habitué à cheminer sur des sentiers tout tracés, découvre que se déplacer, c'est s'exposer : chaque pas active un contact avec des présences auparavant inaperçues. L'herbe devient le catalyseur d'une expérience sensorielle dans laquelle l'invisible fait irruption comme une intensité.

Au sein de l'invisible, l'œuvre de Vanmechelen *Instead of Sleeping* nous parle de l'air, apparemment vide, qui est en réalité saturé de vie. Les papillons de nuit, plus de cent cinquante espèces identifiées en trois jours à peine, peuplent l'espace qui semblait désert. Sept cents corps ailés capturés par la lumière, et autant d'autres qui s'en échappent sans être consignés. Ce « vide » que nous respirons n'est jamais un vide, mais un champ d'intensités partagé.

Jakob von Uexküll[5] (1864-1944) a consacré son œuvre à démontrer que la réalité n'est pas une scène partagée, mais une multiplicité de mondes. Il a appelé *Umwelt* l'environnement singulier que

[5] Jakob von Uexküll, *Umwelt und Innenwelt der Tiere*. Berlin : Springer, 1909.

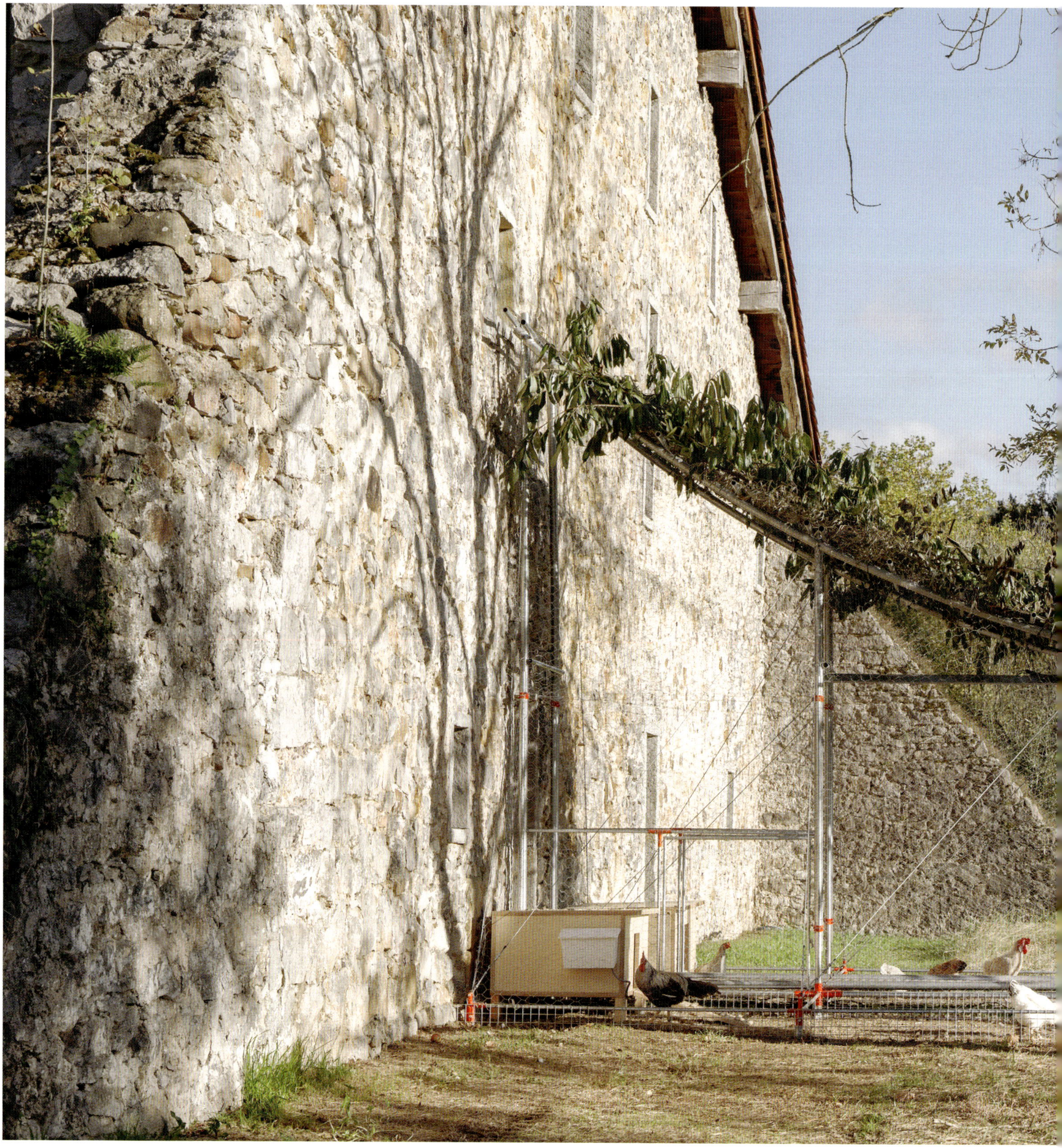

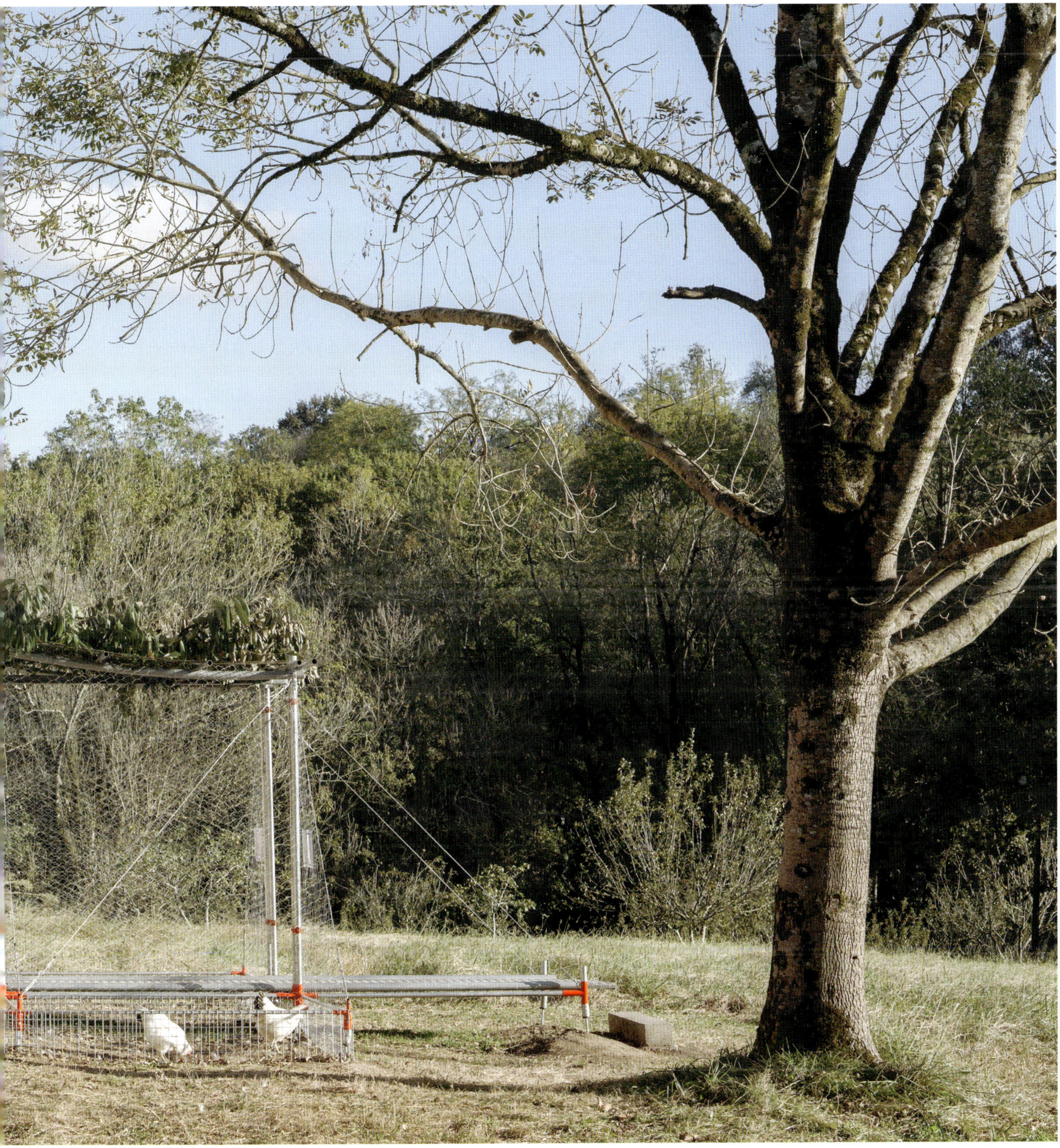

bere pertzepzio-gaitasunen arabera eraikitzen duen ingurune bereziari. Haren ustez, ez da izaki bizidunik mundu objektibo eta komun batean bizi denik; existitzen dena mundu-aniztasun bat da, espezieak adinbat mundu. Kaparrak, esaterako, bere ostalari posiblearen beroa eta usaina besterik ez du hautematen: zentzumenezko espektro txiki hori aski zaio existentzia osoa antolatzeko. Trikua, aldiz, lurreko dardara mendreenaren zain bizi da; hegazti batek bere zerumuga eraikitzen du argiaren norabidetik eta haizearen mugimendutik abiatuta. Organismo bakoitzak, denik eta apalenak ere, bere zentzu-unibertsoa sortzen du, bere pertzepziotik bereizezina den esanahi-sarea.

Uexküllek zera du iraultzailetik: "natura" eszenatoki bakar eta objektiboa delako kontzeptua bazter uzten du, eta aldi berean existitzen diren eta elkarri eragiten dioten errealitate partzialen mosaiko gisa ulertzera igaro. Ez dago giza begirada buru duen kosmos unitariorik, munduen konstelazio bat baizik. Guretzat "paisaia" dena sitsarentzat eremu kimikoa da; guretzat "arte-obra" dena intsektu batentzat babesleku edo ainguratze-azalera da. *Umwelt*-en aldiberekotasun horrek ez du gurea deuseztatzen, baina bai du erlatibizatzen; gizatasuna askoren artean ikuspuntu bat besterik ez dela gogoratuta. Museoak, zentzu honetan, ez du paisaia bat erakusten: aldibereko pertzepzioen laborategi bihurtzen da, non belarra, intsektuak, hegaztiak, eskulturak eta bisitariak elkarrekin bizi diren, bat etorri gabe gainjartzen diren errealitateetan.

Gainjartze horretan intentsitateak azaltzen dira. Ikusezintasuna ez da gabezia, gehiegikeria baizik: oroigarri bat, menperatzen ez ditugun munduek beti zeharkatzen gaituztela ez ahazteko. Belar altuan barna ibiltzea ez da helmuga baterantz jotzea, beste existentzia-bide batzuekin talkan sartzea baizik. Guretzat ibilbidea dena intsektu batentzat habitata da, hegazti batentzat babeslekua, eskulturarentzat ingurua. Aldiberekotasun horrek edozein hierarkia deuseztatzen du, eta gizatasuna bakarrik inoiz bizi ez dela aitortzera behartzen du.

Mugan dagoena deserosotasunaren pedagogia bat da: kontrolatzen ez duguna hautematen ikastea, murrizten uzten ez diren intentsitateekin bizitzen ikastea. Donna Harawayk[6] argi eta garbi adierazten du: inoiz ez gara gizaki izan bakardadean. Bakterioen, birusen, animalien eta teknologien

[6] Donna Haraway, *When Species Meet*, University of Minnesota Press, Minneapolis, 2008.

vivo habita un mundo objetivo y común; lo que existe es una pluralidad de mundos, tantos como especies. La garrapata, por ejemplo, percibe únicamente el calor y el olor de su posible huésped: ese reducido espectro sensorial basta para que organice toda su existencia. El erizo, en cambio, vive pendiente de vibraciones mínimas en el suelo; un ave construye su horizonte a partir de la dirección de la luz y del movimiento del aire. Cada organismo, por modesto que parezca, genera su propio universo de sentido, un tejido de significados inseparable de su percepción.

Lo revolucionario de Uexküll fue desplazar la idea de «naturaleza» como un escenario único y objetivo, para comprenderla como un mosaico de realidades parciales que coexisten y se influyen. No existe un cosmos unitario presidido por la mirada humana, sino una constelación de mundos entrelazados. Lo que para nosotros es «paisaje» para la polilla es un campo químico, lo que para nosotros es «obra de arte» para un insecto es refugio o superficie de anclaje. Esa simultaneidad de *Umwelten* no anula la nuestra, pero sí la relativiza, nos recuerda que lo humano es apenas un punto de vista entre muchos. El museo, en este sentido, no muestra un paisaje: se convierte en laboratorio de percepciones simultáneas, donde hierba, insectos, aves, esculturas y visitantes coexisten en realidades que se solapan sin coincidir del todo.

En ese solapamiento se abren intensidades. La invisibilidad ya no es un déficit, sino un exceso: un recordatorio de que siempre estamos atravesados por mundos que no dominamos. Caminar por la hierba alta no es avanzar hacia un destino, es entrar en fricción con otras formas de existencia. Lo que para nosotros es trayecto para un insecto es hábitat, para un ave es refugio, para la escultura es marco. Esa simultaneidad deshace cualquier jerarquía y obliga a reconocer que lo humano nunca habita solo.

Lo liminar es una pedagogía de la incomodidad: aprender a percibir lo que no controlamos, a convivir con intensidades que no se dejan reducir. Donna Haraway[6] lo formula con claridad: nunca hemos sido humanos en soledad. Somos siempre compañía de bacterias, de virus, de animales, de tecnologías. Somos mestizaje continuo, contaminación fecunda.

[6] Donna Haraway, *When Species Meet*. Minneapolis: University of Minnesota Press, 2008.

worlds—one for every species. The tick, for instance, perceives only the heat and scent of its potential host; that narrow sensory spectrum is enough for it to organise its entire existence. The hedgehog, by contrast, lives attuned to the slightest vibration of the ground; a bird builds its horizon through the direction of light and the movement of air. Every organism, however humble, generates its own universe of meaning, a web of significance inseparable from perception.

Uexküll's revolutionary contribution was to shift the idea of 'nature' from a single, objective stage to a mosaic of partial realities—coexisting, intersecting, and influencing one another. There is no single cosmos governed by the human gaze, but rather a constellation of interwoven worlds. What for us is 'landscape' is, for the moth, a chemical field; what we perceive as a 'work of art' is, for an insect, a shelter or a surface to cling to. This simultaneity of *Umwelten* does not cancel out our own, but it does relativise it, reminding us that the human perspective is merely one among many. The museum, in this sense, does not present a landscape: it becomes a laboratory of simultaneous perceptions, where grass, insects, birds, sculptures, and visitors coexist in overlapping realities that never fully coincide.

Within that overlap, intensities emerge. Invisibility is no longer a deficit but an excess, a reminder that we are always traversed by worlds beyond our control. Walking through tall grass is not a journey towards a destination, but an encounter with other forms of existence. What for us is a path is, for an insect, a habitat; for a bird, a refuge; for the sculpture, a frame. That simultaneity dissolves all hierarchy and forces us to acknowledge that the human never inhabits alone.

The liminal is a pedagogy of discomfort: learning to perceive what we cannot control, to coexist with intensities that resist reduction. As Donna Haraway[6] reminds us, we have never been human in isolation. We are always in the company of bacteria, viruses, animals, and technologies. We are continuous hybridisation, fertile contamination.

[6] Donna Haraway, *When Species Meet*. Minneapolis: University of Minnesota Press, 2008.

In *Limina,* this idea becomes a bodily experience. The exhibition does not aim to represent a thesis but to activate a state of alertness. The visitor does not contemplate—they traverse. They do not observe from

chaque organisme construit en fonction de ses propres capacités perceptives. Pour lui, aucun être vivant n'habite un monde objectif et commun ; il existe une pluralité de mondes, aussi nombreux qu'il y a d'espèces. La tique, par exemple, perçoit uniquement la chaleur et l'odeur de son éventuel hôte : ce spectre sensoriel réduit suffit à organiser toute son existence. Le hérisson, en revanche, vit en fonction d'infimes vibrations du sol ; un oiseau construit son horizon à partir de la direction de la lumière et du mouvement de l'air. Chaque organisme, aussi modeste qu'il paraisse, génère son propre univers de sens, un tissu de significations inséparable de sa perception.

L'aspect révolutionnaire de l'œuvre d'Uexküll réside dans l'idée que la « nature » est une scène unique et objective, à lire comme une mosaïque de réalités partielles qui coexistent et s'influencent. Il n'existe pas un cosmos unitaire présidé par le regard humain, mais une constellation de mondes entremêlés. Ce qui est pour nous un « paysage » est un champ chimique pour le papillon de nuit ; ce qui est pour nous une « œuvre d'art » est un refuge ou un support d'attache pour un insecte. Cette simultanéité d'*Umwelten* n'annule pas le nôtre, mais le relativise, nous rappelle que l'humain est seulement un point de vue parmi d'autres. Dans ce contexte, le musée nous montre un paysage : il se transforme en laboratoire de perceptions simultanées, où l'herbe, les insectes, les oiseaux, les sculptures et les visiteurs coexistent dans des réalités qui se chevauchent sans coïncider totalement.

Dans ce chevauchement se déploient des intensités. L'invisibilité n'est plus un déficit, mais un excès : elle nous rappelle que nous sommes sans cesse traversés par des mondes que nous ne dominons pas. Cheminer dans l'herbe haute ne consiste pas à avancer vers une destination, mais à entrer en friction avec d'autres formes d'existence. Ce qui nous semble être un trajet est un habitat pour un insecte, un refuge pour un oiseau, un cadre pour une sculpture. Cette simultanéité déconstruit toute hiérarchie et oblige à reconnaître que l'humain n'habite jamais seul.

Le liminaire est une pédagogie de l'inconfort : apprendre à percevoir ce que nous ne contrôlons pas, à cohabiter avec des intensités qui ne se laissent pas réduire. Donna Haraway[6] l'exprime clairement : nous n'avons jamais été humains

[6] Donna Haraway, *When Species Meet*. Minneapolis : University of Minnesota Press, 2008.

lagun gara beti. Mestizaje etengabea gara, kutsadura emankorra.

Limina-n, ideia hau gorputz-esperientzia bilakatzen da. Erakusketak ez du tesi bat irudikatu nahi, alerta-egoera aktibatu baizik. Bisitariak ez du behatzen: zeharkatzen du. Ez du kanpotik begiratzen: bere burua erakusten du, begiradara eskaintzen da, espezieen arteko espezie bilakatzen da. Museoa zirudiena paisaia bizidun bihurtzen da, eta dardara bakoitzak gogoratzen du nonbait bizitzea atalaseak zeharkatzea dela beti.

Atalasea ez da korridorea bailitzan zeharkatzen: intentsitate-aldaketa moduan esperimentatzen da. Ez dira begien aurrean agertzen diren objektuak, baizik eta gorputza zeharkatzen duten dardarak, arnasa aztoratu eta kontzientzia desdoitzen dutenak. Erakusketa ez da mugarriz betetako mapa moduan antolatzen, baizik eta gertakarien errizoma moduan: larruazala ukitzen duen belarra, ibilbidea desbideratzen duten intsektuak, gorputz neurrigabeko agertzen diren eskulturak, deserosoak diren zaporeak.

Topaketa bakoitzak katalizatzailearen funtzioa du. Erakusketarekin lotutako behin-behineko tailer baten barruan kokatuta, Lewis Carrollen *Alicia*-n edo Wachowski ahizpen distopian bezala, Fernando Cremades arkitekto eta artistak asmatutako pilula kromatikoen aurrean aurkituko da bisitaria, beste errealitate bat probatzeko gonbit egiten diotela. Ez da edozein gozoki, protesi sentsorial bat baizik: behin ahoratuta, mundu ezberdin bat irudikatzera behartzen du; mundua, beste organismo baten ikuspegitik. Bertako espezieen dietatik sortutako zaporeak —landa-saguaren, urtxintxaren, ahatearen, belearen, koartzaren, satorraren edo are oiloek erakartzen duten azeri baten dietatik, alegia—, zeinen elikadura-azturek ukitu lur-antzeko, urtsu, begetal edo hartzituak ematen baitute. Aukeratutako gozoki bakoitzak plazebo poetiko gisa funtzionatzen du: pertzepzioa abiarazten du, kontzientzia ordezkatzen du, gizatiarraren eta ez-gizatarriaren arteko zubi bat irekitzen du. Kolore ezberdinen artean zein hartu erabakitzea erantzukizun- eta irekitasun-keinu bihurtzen da. Igarotze-errito txiki bat da, ibilbidearen gainerakoa aurreratzen duen atalase sentsoriala, une batez bada ere, mundua beste espezie baten ikuspegitik sentitzeko aukera ematen duena.

Deleuzek eta Guattarik[7] animalia-bilakatze deitu zioten prozesu honi: ez bestea "bezala izatea", "harekin izatea" baizik, igarobide bat, zeinean gorputza besteren

En *Limina,* esta idea se convierte en experiencia corporal. La exposición no busca representar una tesis, sino activar un estado de alerta. El visitante no contempla: atraviesa. No observa desde fuera: se expone, se deja mirar, se convierte en especie entre especies. Lo que parecía museo se torna paisaje vivo, donde cada vibración recuerda que habitar es siempre atravesar umbrales.

El umbral no se recorre como un pasillo: se experimenta como una variación de intensidades. No se trata de objetos que aparecen frente a la mirada, sino de vibraciones que atraviesan el cuerpo, alteran la respiración, desajustan la conciencia. La exposición no se organiza como un mapa con hitos, sino como un rizoma de acontecimientos: hierba que roza la piel, insectos que desvían el trayecto, esculturas que irrumpen como cuerpos desproporcionados, sabores que incomodan.

Cada encuentro funciona como un catalizador. En el escenario de un taller temporal vinculado a la exposición, como en la *Alicia* de Lewis Carroll o la distopía de las hermanas Wachowski, el visitante se enfrenta a píldoras cromáticas concebidas por el arquitecto y artista Fernando Cremades, que lo invitan a saborear otra realidad. No es un caramelo cualquiera, sino una prótesis sensorial: al disolverse, obliga a imaginar un mundo distinto, el mundo desde la perspectiva de otro organismo. Sabores que surgen de la dieta de las especies locales, ratón de campo, ardilla, pato, cuervo, garza, topo o incluso un posible zorro atraído por las gallinas, cuyos hábitos alimenticios se traducen en notas terrosas, acuosas, vegetales o fermentosas. Cada caramelo elegido funciona como placebo poético: activa la percepción, desplaza la conciencia, abre un puente entre lo humano y lo no humano. La decisión de cuál tomar, entre distintos colores, se convierte en gesto de responsabilidad y apertura. Es un pequeño rito de paso, un umbral sensorial que anticipa el resto del recorrido y permite, aunque sea por un instante, sentir el mundo desde la perspectiva de la otra especie.

Deleuze y Guattari[7] llamaron a este proceso devenir-animal: no un «ser como» otro, sino un «ser con», un tránsito en el que el cuerpo se abre a ritmos ajenos, a modos de existir que lo exceden. «El devenir es un cruce de umbrales, una línea de fuga», escribieron en *Mil mesetas.* El devenir-animal no es zoología, es política de

[7] Gilles Deleuze y Félix Guattari, *Mille plateaux.* París: Éditions de Minuit, 1980. Edición en español: *Mil mesetas.* Valencia: Pre-Textos, 2002.

outside: they expose themselves, allow themselves to be seen, become a species among species. What once seemed like a museum becomes a living landscape, where every vibration reminds us that to inhabit is always to cross thresholds.

The threshold is not traversed like a corridor; it is experienced as a modulation of intensities. It is not a matter of objects appearing before the gaze, but of vibrations passing through the body, altering breath and unsettling awareness. The exhibition is not organised as a map with landmarks, but as a rhizome of events: grass brushing against skin, insects diverting one's path, sculptures erupting as disproportionate bodies, flavours that unsettle.

Each encounter serves as a catalyst. Framed within a temporary workshop related to the exhibition, as in Lewis Carroll's *Alice* or the Wachowski sisters' dystopia, the visitor is confronted with chromatic pills conceived by architect and artist Fernando Cremades, inviting them to taste another reality. These are not ordinary sweets, but sensory prostheses: as they dissolve, they compel us to imagine a different world, one seen from the perspective of another organism. Flavours derived from the diets of local species—field mice, squirrels, ducks, crows, herons, moles, or even a fox lured by the chickens—translate their feeding habits into earthy, aquatic, vegetal, and fermented notes. Each chosen sweet acts as a poetic placebo: it heightens perception, shifts consciousness, and opens a bridge between the human and the non-human. Choosing a colour becomes a gesture of responsibility and openness, a small rite of passage, a sensory threshold that anticipates the rest of the journey and allows, if only for a moment, a glimpse of the world from another species' perspective.

Deleuze and Guattari[7] called this process 'becoming-animal': not a 'being like' another, but a 'being with'—a transition in which the body opens itself to other rhythms, to modes of existence that exceed it. As they write in *A Thousand Plateaus,* becoming involves a crossing of thresholds, a line of flight. Becoming-animal is not zoology; it is a politics of perception. Every curatorial gesture in *Limina* points towards this transition: not representing the animal, but producing situations in which the visitor

[7] Gilles Deleuze and Félix Guattari, *Mille plateaux.* Paris: Éditions de Minuit, 1980. Edition in English: *A Thousand Plateaus.* Minneapolis: University of Minnesota Press, 1987.

dans la solitude. Nous sommes toujours compagnie de bactéries, de virus, d'animaux, de technologies. Nous sommes métissage continu, contamination féconde.

Dans *Limina,* cette idée devient une expérience corporelle. L'exposition ne cherche pas à représenter une thèse, mais à activer un état d'alerte. Le visiteur ne contemple pas, il franchit. Il n'observe pas de l'extérieur, il s'expose, se laisse regarder, devient une espèce parmi les espèces. Ce qui semblait être un musée se transforme en paysage vivant, où chaque vibration rappelle qu'habiter, c'est toujours franchir des seuils.

Le seuil ne s'arpente pas comme un couloir, il se ressent telle une variation d'intensités. Il ne s'agit pas d'objets qui apparaissent face au regard, mais de vibrations qui traversent le corps, modifient la respiration, dérangent la conscience. L'exposition n'est pas organisée comme une carte de jalons, mais comme un rhizome d'événements : l'herbe qui frôle la peau, les insectes qui dévient la trajectoire, les sculptures qui font irruption tels des corps disproportionnés, des saveurs qui indisposent.

Chaque rencontre fonctionne comme un catalyseur. Dans le cadre d'un atelier temporaire en lien avec l'exposition, le visiteur, à l'instar de l'Alice de Lewis Carroll ou de la dystopie des sœurs Wachowski, fait face à des pilules de couleur, imaginées par l'architecte et artiste Fernando Cremades, qui invitent à éprouver une autre réalité. Ce n'est pas n'importe quel bonbon, c'est une prothèse sensorielle : en se dissolvant, il oblige à imaginer un monde différent, le monde vécu par un autre organisme. Des saveurs qui surgissent de l'alimentation des espèces locales, mulot, écureuil, canard, corbeau, héron, taupe, voire un éventuel renard attiré par les poules, dont les habitudes alimentaires se traduisent par des notes terreuses, aqueuses, végétales ou fermenteuses. Chaque bonbon choisi fonctionne comme un placebo poétique : il active la perception, dérange la conscience, érige un pont entre l'humain et le non-humain. Le choix du bonbon devient un geste de responsabilité et d'ouverture. Un petit rite de passage, un seuil sensoriel qui présage le reste du parcours et permet, bien que pour un instant seulement, de sentir le monde du point de vue d'une autre espèce.

Deleuze et Guattari[7] ont appelé ce processus « devenir-animal » : non pas un « être comme » un autre, mais un « être avec », un passage

[7] Gilles Deleuze et Félix Guattari, *Mille plateaux.* Paris : Éditions de Minuit, 1980.

erritmoetara zabaltzen den, berarengandik kanpoko izate-moldeetara. "Bilakatzea atalase-gurutzatze bat da, ihes-lerro bat", idatzi zuten *Mille Plateaux* lanean. Animalia-bilakatzea ez da zoologiarik, pertzepzioaren politika da. Keinu kuratorial bakoitzak igarobide horretarantz jotzen du: ez animalia irudikatzera, baizik eta egoerak sortzera, non bisitariak, lipar batez bada ere, esperimentatu ahal izango duen erdigunea ez izatea zer den.

[7] Gilles Deleuze eta Félix Guattari, *Mille plateaux,* Éditions de Minuit, Paris, 1980; gaztelaniazko itzulpena: *Mil mesetas,* Pre-Textos, Valentzia, 2002.

Koen Vanmechelenen eskultura erraldoiek areagotu egiten dute esperientzia hau. Brontzezko atzapar bat, *T-Rex* eta oiloaren arteko hibridoa, zuhaitz baten adarrean sartutako arrautza bat: giza eskala neurriz kanpo uzten duten formak. Pieza horien aurrean, bisitariak bere burua zaurgarri ezagutzen du, bere errealitatea baino askoz ere denbora luzeagoaren parte. Zaurgarritasun bat, *T-Rex* izeneko piezan ere azaleratzen dena. Oilo baten hankak osatuta, sei metroko altuera du, eta gogorarazten digu oiloa gure planetan bizi izan den harraparirik handienaren ondorengo zuzena dela. Aldi berean, egungo errealitate baten ikusezintasuna birpentsatzera behartzen gaitu: elikagaien industriaren barruan hazkuntzak dakarren arriskua. Praktika honek oiloa —birusen eramailea— gure harrapari berri bihurtzeko arriskua du, gizakia egotziz, berriro zaurgarri bihurtuz.

Areagotze hau puntu gorenera iristen da oilategian, *CCPPCC,* non *Cosmopolitan Chicken Project*-en hogeita hamargarren belaunaldiaren emaitza, Mechelse Euskalduna, gurutzaketa-performance osoan parte hartu duten beste espezieekin batera erakusten den: gailu arkitektoniko biziduna. Zabalagako hegoaldeko fatxadari atxikita, organismo sinbolikoa bezala funtzionatzen du, bizkarroi arkitektoniko bat bezala. Ez da edukiontzia: atalasea da. Bertan, bisitariak uzten dio behatzaile abantailatsua izateari eta izaki behatu bihurtzen da. Oiloek begiratu egiten diote, inguratu egiten dute, interpelatu egiten dute. Hierarkia behekoz gora: ez gara begiradaren subjektu, haren objektu baizik. Espazio hori gurutzatzea performance txiki bat da. Ez da modu neutroan sartzen: korridore bizidun bat gurutzatu behar da, non giza gorputza ikusgai geratzen den, zaurgarri, deseroso.

Egoerak Marina Abramović eta Ulayren[8] *Imponderabilia* obra ekartzen du gogora, zeinean publikoak artisten gorputz biluzien artean gurutzatu behar zuen

la percepción. Cada gesto curatorial apunta hacia ese tránsito: no representar al animal, sino producir situaciones en las que el visitante pueda experimentar, aunque sea un destello, lo que significa no ser el centro.

Las esculturas colosales de Koen Vanmechelen intensifican esta experiencia. Una garra de bronce, híbrido de *T. rex* y gallina, un huevo encajado en la rama de un árbol: formas desmesuradas que desproporcionan la escala humana. En presencia de estas piezas, el visitante se reconoce vulnerable, parte de un tiempo mucho más extenso que su realidad. Una vulnerabilidad que también se expresa en la obra *T-Rex.* Compuesta simplemente por una pata de gallina magnificada hasta una altura de seis metros, nos recuerda que el ave es descendiente directo del mayor depredador que habitó jamás nuestro planeta. Así nos fuerza a reconsiderar lo desapercibida que pasa una realidad muy presente: el peligro que representa la endogamia en la industria alimentaria. Esta práctica corre el riesgo de convertir al pollo —portador de virus— en nuestro nuevo depredador, haciendo al ser humano nuevamente vulnerable, relegándolo.

La intensificación alcanza su punto álgido en el gallinero, *CCPPCC,* donde se expone el resultado de la 30.ª generación del *Cosmopolitan Chicken Project:* la *Mechelse Euskalduna,* acompañada de las demás especies que participaron en toda la *performance* de cruce genético. Una estructura arquitectónica viva. Adherido a la fachada sur de Zabalaga, funciona como un organismo simbiótico, un parásito arquitectónico. No es contenedor: es umbral. Allí, el visitante deja de ser observador privilegiado y pasa a ser observado. Las gallinas lo miran, lo rodean, lo interpelan. La jerarquía se invierte: ya no somos sujetos de la mirada, sino objetos de ella. Atravesar ese espacio equivale a una pequeña *performance.* No se entra de manera neutra: se cruza un corredor vivo en el que el cuerpo humano queda expuesto, vulnerable, incómodo.

La situación evoca inevitablemente la obra *Imponderabilia* de Marina Abramović y Ulay,[8] en la que el público debía cruzar entre los cuerpos desnudos de los artistas para poder acceder a la sala. En ambos casos, el tránsito no es neutro: es una acción cargada de tensión, un paso que convierte al espectador en actor y lo expone a una mirada que lo descoloca. Si en Abramović la

[8] Marina Abramović y Ulay, *Imponderabilia, performance* en la Galleria Comunale d'Arte Moderna, Bolonia, 1977.

might experience, even for an instant, what it means not to be the centre.

Koen Vanmechelen's colossal sculptures intensify this experience. A bronze claw—part *T-Rex,* part chicken; an egg wedged in the branch of a tree: outsized forms that throw human scale off balance. In the presence of these pieces, the visitor becomes aware of their own vulnerability, part of a timescale far vaster than their own reality. This vulnerability also finds expression in the piece titled *T-Rex.* Consisting simply of a chicken's leg, scaled up to six metres in height, it reminds us that the chicken is a direct descendant of the greatest predator ever to inhabit our planet. At the same time, it compels us to reconsider the invisibility of a current reality: the danger posed by inbreeding within the food industry. This practice risks turning the chicken—carrier of viruses—into our new predator, rendering humans once again vulnerable, displaced.

This intensification reaches its peak in the chicken coop, *CCPPCC,* where the result of the thirtieth generation of the *Cosmopolitan Chicken Project,* the *Mechelse Euskalduna,* is displayed alongside the other species involved in the crossbreeding performance: a living architectural device. Attached to the southern façade of Zabalaga farmhouse, it functions as a symbiotic organism, an architectural parasite. It is not a container—it is a threshold. Here, the visitor ceases to be a privileged observer and becomes the observed. The chickens look at them, surround them, confront them. The hierarchy is reversed: we are no longer the subjects of the gaze, but its objects. Crossing this space is akin to a small performance. One does not enter neutrally: one passes through a living corridor in which the human body is exposed, vulnerable, uneasy.

The situation inevitably evokes Marina Abramović and Ulay's[8] *Imponderabilia,* in which the public had to pass between the nude bodies of the artists to access the gallery. In both cases, the passage is not neutral: it is a charged act, a step that transforms the spectator into an actor and exposes them to a gaze that unsettles. If, in Abramović's work, the threshold is the human body, here it is the animal presence. If there the visitor crossed the fissure between two bodies, here they step into a living corridor where the chickens exercise

[8] Marina Abramović and Ulay, *Imponderabilia,* performance at the Galleria Comunale d'Arte Moderna, Bologna, 1977.

dans lequel le corps s'ouvre à des rythmes étrangers, à des modes de vie qui le dépassent. « Un devenir [est une] frontière ou ligne de fuite », écrivent-ils dans *Mille plateaux.* Le devenir-animal n'est pas de la zoologie, mais une politique de la perception. Chaque geste muséal vise ce passage : ne pas représenter l'animal, mais produire des situations dans lesquelles le visiteur peut expérimenter, bien qu'un instant, ce que signifie ne pas être le centre.

Les sculptures colossales de Koen Vanmechelen intensifient cette expérience. Des griffes en bronze, hybrides de *T. rex* et de poulet, un œuf imbriqué dans un arbre : des formes démesurées qui disproportionnent l'échelle humaine. En présence de ces pièces, le visiteur se reconnaît vulnérable, appartenir à un temps bien plus vaste que sa réalité. Une vulnérabilité qui se retrouve également dans l'œuvre intitulée *T-Rex.* Cette sculpture représentant une patte de poulet de six mètres de haut nous rappelle que le poulet est un descendant direct du plus grand prédateur ayant jamais existé sur notre planète. Parallèlement, elle nous oblige à repenser l'invisibilité d'une réalité actuelle : le danger de la consanguinité dans l'industrie alimentaire. Cette pratique risque en effet de transformer le poulet (porteur de virus) en un nouveau prédateur pour l'être humain et, par conséquent, de rendre ce dernier à nouveau vulnérable, destitué.

L'intensification culmine dans le poulailler, *CCPPCC,* dans lequel le résultat de la 30e génération du *Cosmopolitan Chicken Project,* le *Mechelse Euskalduna,* est présenté aux côtés d'autres espèces impliquées dans la performance de croisement : un dispositif architectural vivant. Collé à la façade de Zabalaga, il fonctionne comme un organisme symbiotique, un parasite architectural. Il n'est pas contenant, il est seuil. Là, le visiteur cesse d'être un observateur privilégié pour être lui-même observé. Les poules le regardent, l'entourent, l'interpellent. La hiérarchie s'inverse : nous ne sommes plus les sujets du regard, mais ses objets. Traverser cet espace est une petite *performance.* Le visiteur n'y entre pas d'une manière neutre : il franchit un couloir vivant dans lequel le corps humain est exposé, vulnérable, mal à l'aise.

La situation rappelle inévitablement l'œuvre *Imponderabilia* de Marina Abramović et Ulay[8] dans laquelle le public devait passer entre les corps nus des artistes pour pouvoir accéder à la salle. Dans les deux cas,

[8] Marina Abramović et Ulay, *Imponderabilia,* performance à la Galleria Comunale d'Arte Moderna, Bologne, 1977.

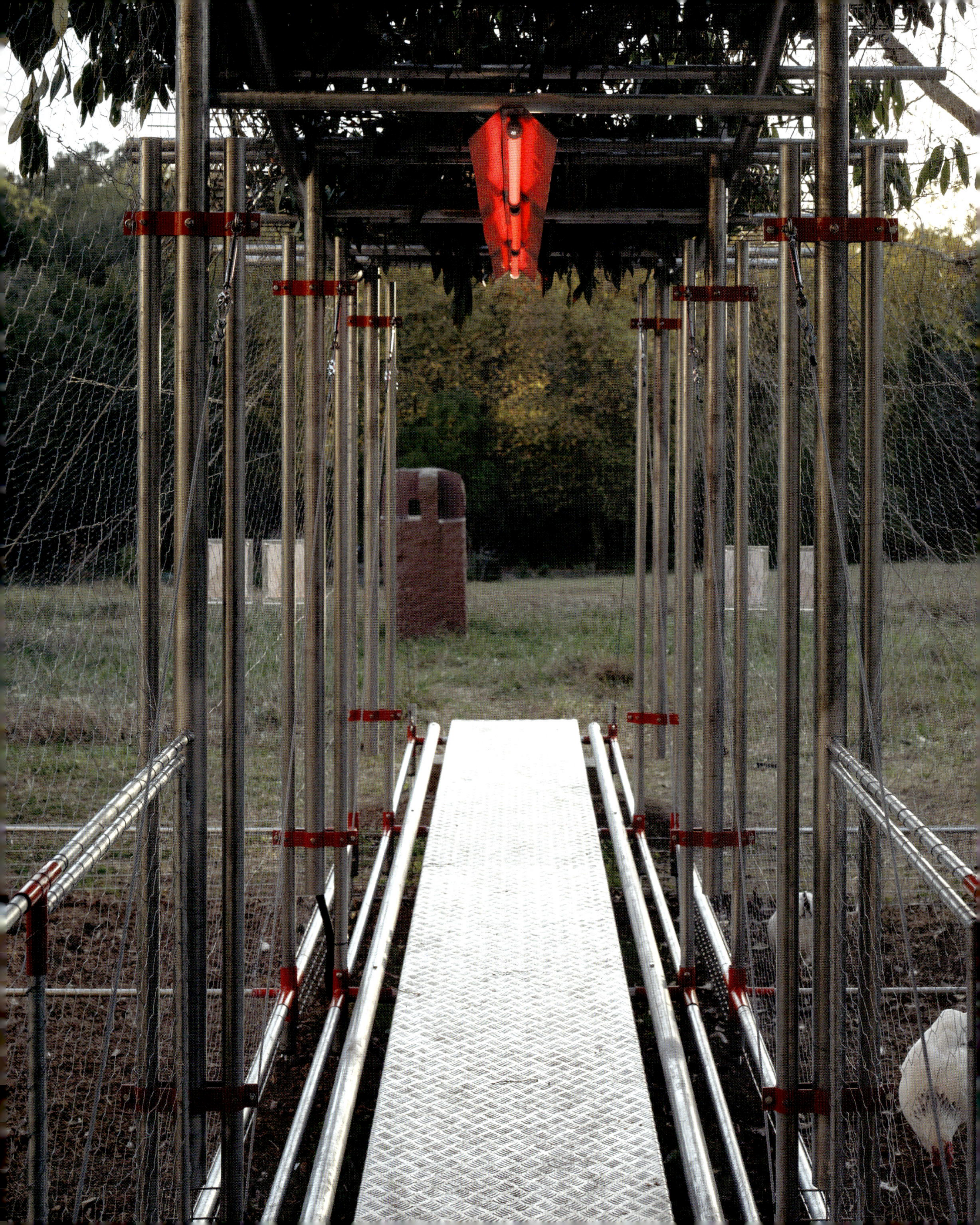

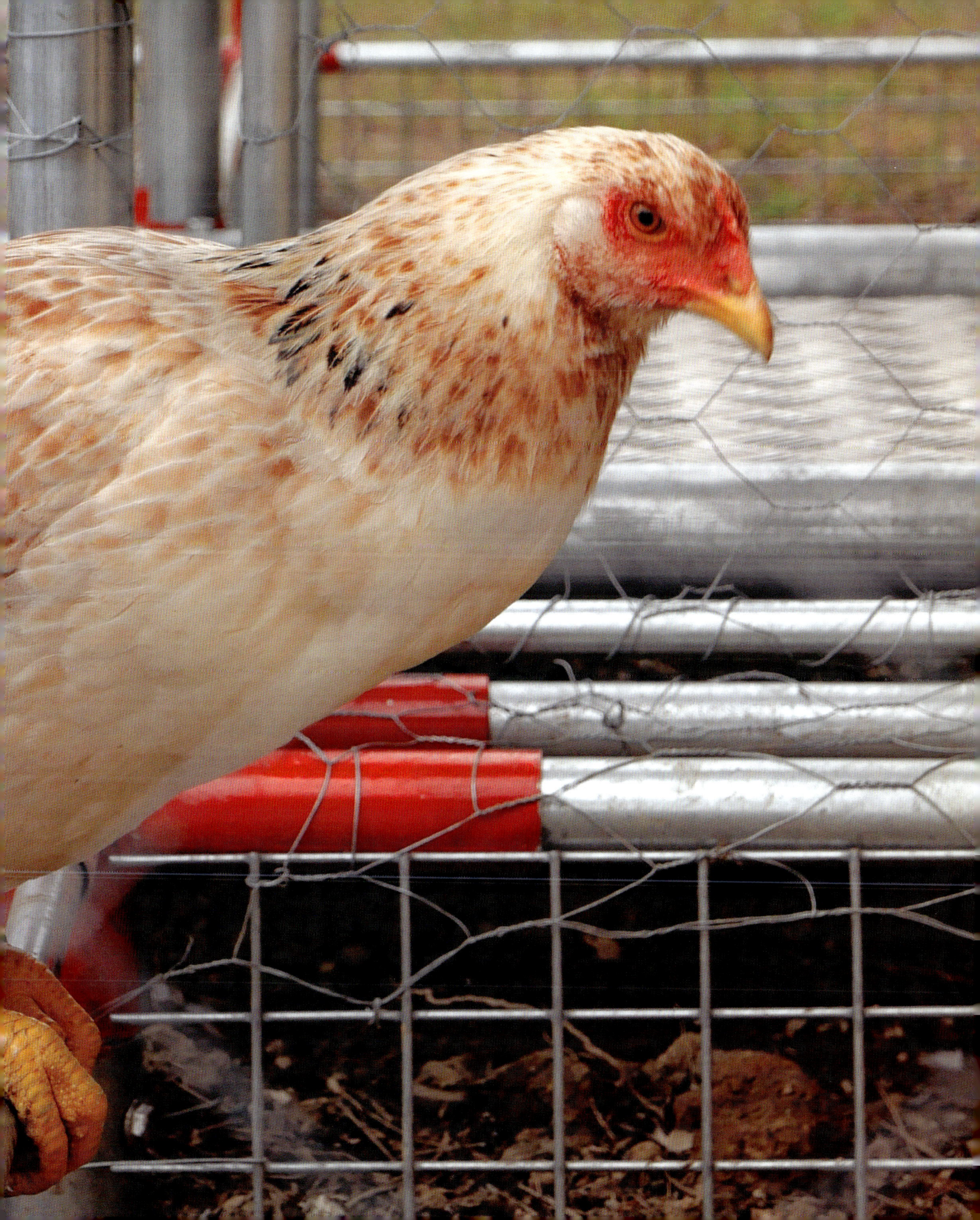

aretora sartu ahal izateko. Bi kasuetan, igarobidea ez da neutroa: tentsioz betetako ekintza da, ikuslea aktore bihurtzen duen pasabidea, eta tokiz kanpo uzten duen begirada baten aurrean jartzen du. Abramovićen kasuan muga giza gorputza bada, hemen animalien presentzia da; hor bisitariak bi gorputzen arteko pitzadura zeharkatzen zuen, hemen korridore bizidun batean sartzen da, non oiloek hautemate-gailentasuna duten. Bi kasuetan, kontenplazio-distantzia desegiten da eta begirada-truke erradikala aktibatzen da: arteak gure aurrean egoteari uzten dio, gu haren barruan kokatzeko, nork begiratzen duen eta nori begiratzen zaion berriz aztertzera behartuta.

Errotiko erakustaldi-une hori funtsezkoa da proposamenean. Ez dago behaketarik elkarrekikotasunik gabe: begiratzeak begiratua izatea dakar berarekin. Gizakia ez da erdigunea, beste gorputz bat baizik, begirada gurutzatuen sare baten barruan. Alderantzizkatze horrek munduan dugun posizioa ezbaian jartzen du: espezie bat gara espezieen artean, ekosistema baten zati, ez salbuespen.

Harawayrenera eta bere "inoiz ez gara gizaki izan bakardadean" horretara itzultzen gara. Gurutzatze bakoitza, begirada partekatu bakoitza, gure interdependentziaren oroigarria da. Ez gara objektuen mundu batean bizi diren subjektu beregainak; bilbe bizi bateko nodoak gara, kontrolatzen ez dugun horrek kutsatu eta sostengatuak. Oilategia ez da espazio arkitektonikoa soilik, gailu filosofikoa da: bisitaria ebidentzia hori gorpuztera behartzen du.

Kanpoaldetik museoaren barnealdera igarotzeak logika hori areagotzen du. Oilategiaren estutasunetik, non animalien soa nagusi den, baserriaren zabaltasunera hedatzen da. Sarrera berriak, orain arte inoiz egokitu gabeak, ihes-lerroarena egiten du: espazio estutik hutsune itzalera. Chillidaren arkitektura erresonantzia-gune gisa agertzen da orduan. Baina bisitaria ez da bere horretan iristen: pertzepzioa aldatu egin zaio. Orain, gizatiarra ere hauskor eta iragazkor agertzen da, gizatiarra ez denerako bidean beti dabilen izaera gisa.

Obrak beste dentsitate batetik solastatzen dira testuinguru honetan. Vanmechelenen alabastrozko arrautzak Chillidaren alabastroekin erresonantzian argitzen dira, hauskortasunak eta argiak elkarturik. Euskarri

[8] Marina Abramović eta Ulay, *Imponderabilia,* performantzea Galleria Comunale d'Arte Moderna-n, Bolonian, 1977.

frontera es el cuerpo humano, aquí lo es la presencia animal; si allí el visitante atravesaba la fisura entre dos cuerpos, aquí penetra en un corredor vivo donde las gallinas ejercen soberanía perceptiva. En los dos casos se deshace la distancia contemplativa y se activa un cruce radical de miradas: el arte deja de estar frente a nosotros para situarnos dentro de él, obligándonos a reconsiderar quién mira y quién es mirado.

Ese momento de exposición radical es central en la propuesta. No hay observación sin reciprocidad: mirar implica ser mirado. Lo humano ya no es centro, sino un cuerpo más dentro de una red de miradas cruzadas. Esa inversión desestabiliza nuestra posición en el mundo: somos especie entre especies, fragmento de un ecosistema, no excepción.

Volvemos a Haraway y al «nunca hemos sido humanos solos». Cada cruce, cada mirada compartida es un recordatorio de nuestra interdependencia. No somos sujetos autónomos que habitan un mundo de objetos; somos nodos de una trama viva, contaminados y sostenidos por lo que no controlamos. El gallinero no es solo un espacio arquitectónico, es un dispositivo filosófico: obliga al visitante a encarnar esa evidencia.

El tránsito del exterior al interior del museo amplifica esta lógica. Desde la compresión del gallinero, donde la mirada animal domina, se abre la expansión del caserío. La nueva entrada, nunca antes habilitada, funciona como línea de fuga: del espacio estrecho al vacío monumental. La arquitectura de Chillida aparece entonces como un espacio de resonancia. Pero el visitante ya no llega intacto: su percepción ha cambiado. Ahora, incluso lo humano aparece como frágil y permeable, como una condición siempre en tránsito hacia lo no humano.

Las obras dialogan en este contexto desde otra densidad. Los huevos de alabastro de Vanmechelen se iluminan en resonancia con los alabastros de Chillida, unidos por la fragilidad y la luz. Los soportes metálicos, las mallas de gallinero, las luces infrarrojas convierten lo animal en artificio y lo humano en biología.

El contenido interior se despliega como un tríptico narrativo: Origen, Domesticación y Cruce. Origen convoca el instante fundacional, cuando especie y cultura se rozan por primera vez y en ese contacto incierto se reconocen mutuamente, inaugurando una vecindad. Domesticación introduce el conflicto: el gesto ambivalente que, al cuidar, también somete; que acerca, pero a

perceptual sovereignty. In both cases, the contemplative distance dissolves, giving rise to a radical crossing of gazes: art is no longer placed before us but places us within itself, compelling us to reconsider who looks and who is looked at.

That moment of radical exposure lies at the core of the project. There is no observation without reciprocity: to look is to be looked at. The human is no longer the centre, but simply another body within a network of intersecting gazes. This inversion unsettles our position in the world. We are one species among species, a fragment of an ecosystem, not an exception.

We return to Haraway and her reminder that 'we have never been human alone'. Each crossing, each shared gaze, is a reminder of our interdependence. We are not autonomous subjects inhabiting a world of objects, but nodes in a living web—contaminated and sustained by what lies beyond our control. The chicken coop is not merely an architectural space but a philosophical device, compelling the visitor to embody that realization.

The passage from the exterior to the interior of the museum amplifies this logic. From the compression of the coop, where the animal gaze prevails, one moves toward the expansion of the farmhouse. The newly opened entrance, never before accessible, functions as a line of flight: from the narrow space to the monumental void. Chillida's architecture thus emerges as a space of resonance. But the visitor no longer arrives intact: their perception has changed. Now even the human appears fragile and permeable, a condition always in transit toward the non-human.

The works enter into dialogue within this altered density. Vanmechelen's alabaster eggs glow in resonance with Chillida's alabasters, united by fragility and light. Metal supports, chicken wire, and infrared lamps turn the animal into artifice and the human into biology.

The interior unfolds as a three-part narrative: Origin, Domestication, and Crossing. Origin evokes the founding moment when species and culture first brush against one another, recognising themselves in their uncertain contact and opening a shared proximity. Domestication introduces conflict: the ambivalent gesture that, in caring, also subdues; that brings closer, yet also separates—tracing the long tension between protection and domination that has shaped our shared history. Crossing, in turn, opens the fissure toward what

le passage n'est pas neutre : c'est une action chargée de tension, un pas qui transforme le spectateur en acteur et l'expose à un regard qui le déconcerte. Si chez Abramović la frontière est le corps humain, ici, c'est la présence animale ; si là-bas, le visiteur traversait la fissure entre deux corps, il pénètre ici dans un couloir vivant où les poules exercent la souveraineté perceptive. Dans les deux cas, la distance contemplative se défait et un croisement radical de regards a lieu : l'art cesse d'être face à nous pour nous situer en son sein et nous oblige à reconsidérer qui regarde et qui est regardé.

Ce moment d'exposition radical est central dans la proposition. Il n'y a pas d'observation sans réciprocité : regarder implique être regardé. L'humain n'est plus le centre, mais un corps de plus dans un réseau de regards croisés. Cette inversion déstabilise notre position dans le monde : nous sommes une espèce parmi les espèces, un fragment d'un écosystème, et non une exception.

Nous en revenons à Haraway et à « nous n'avons jamais été humains seuls ». Chaque croisement, chaque regard partagé est un rappel de notre interdépendance. Nous sommes des sujets autonomes qui habitent un monde d'objets ; nous sommes des nœuds dans une trame vivante, contaminés et soutenus par ce que nous ne contrôlons pas. Le poulailler n'est pas seulement un espace architectural, c'est également un dispositif philosophique : il oblige le visiteur à incarner cette évidence.

Le passage de l'extérieur à l'intérieur du musée amplifie cette logique. La compression du poulailler, où le regard animal domine, débouche sur l'expansion du corps de ferme. La nouvelle entrée, qui n'avait jamais servi jusque-là, fonctionne comme une ligne de fuite : de l'espace étroit au vide monumental. L'architecture de Chillida apparaît alors tel un espace de résonance. Toutefois, le visiteur n'y parvient pas intact : sa perception a changé. Là, même l'humain semble fragile et perméable, comme une condition toujours en transit vers le non-humain.

Les œuvres dialoguent dans ce contexte avec une autre densité. Les œufs d'albâtre éclairés de Vanmechelen font écho aux albâtres de Chillida, unis par la fragilité et la lumière. Les supports en métal, le grillage du poulailler, les lumières infrarouges transforment l'animal en artifice et l'humain en biologie.

Le contenu intérieur se déroule comme un triptyque narratif : Origine, Domestication, Croisement.

metalikoek, oilategi-sareek, argi infragorriek animaliarena artifizio bihurtzen dute, eta gizakiarena biologia.

Barneko edukia triptiko narratibo gisa zabaltzen da hiru ekitalditan: Jatorria, Etxekotzea eta Gurutzatzea. Jatorriak sortze-unea ekartzen du, espezieak eta kulturak lehen aldiz ukitzen dutenean elkar, eta harreman zalantzati horretan elkar ezagutzen dute, auzotasun bat inauguratuz. Etxekotzeak gatazka sartzen du: zaintzearekin bat menperatzen duen keinu anbibalentea; hurbiltzen du, baina aldi berean banandu egiten du, historia komunak zeharkatu duen babesaren eta nagusitasunaren arteko tentsio luzea marraztuz. Gurutzatzeak, bere aldetik, arrakala irekitzen du etortzeko dagoen aldera: hor non nahasketak anomalia izateari uzten dion, bizi-baldintza gisa agertzeko, erresilientziaren eta aldakuntzaren eragile gisa. Sekuentzia hau trama klasikoaren itxurapean antolatzen da —hasiera, korapilo eta askaera—, baina ez da inolako kontakizunetan ixten: ekitaldi bakoitza eskaintzen zaio galdetzaile.

Guztia areagotze prozesu gisa antolatu da. Ez da kontakizun linealik, ezta azalpen itxirik ere. Topaketak, tirabirak, bilakaerak daude. Bisitariaren urrats bakoitza atalase-gurutzatze bat da: ikusgarriaren eta ikusezinaren artean, gizakiaren eta animaliaren artean, artearen eta biologiaren artean, arkitekturaren eta paisaiaren artean. Museoa, obren edukiontzi-paperatik harago, pertzepzioen laborategi bizi bihurtzen da.

Etxekotzeak esperientzia hau guztia zeharkatzen du, baina hemen birformulatzen da. Historikoki, etxekotzeak banantzea, kontrolatzea eta menperatzea ekarri zuen. Hierarkiak inposatu eta basatia neutralizatzea esan nahi zuen. *Limina*-n, aldiz, etxekotzeak abegi onaren irudi berria hartzen du: elkarren zaurgarritasuna aitortzen duen bizikidetza-bidea. Kontua ez da menperatzea, elkarrekin bizitzea baizik.

Vanmechelenen *Cosmopolitan Chicken Project*-eko arrazen gurutzaketak irekiera horren metafora gisa funtzionatzen du. Ez du garbitasunik ez betegintzarrerik bilatzen, erresilientzia, aldakortasuna eta bizitasuna baizik. Hogeita hamargarren edizioan, globalaren eta tokikoaren arteko elkargunea, memoria genetikoaren eta kultur abegikortasunaren artekoa gorpuzten du Mechelse Euskaldunak. Haren existentziak gogoratzen du nahasketan oinarritzen dela bizitza, gurutzatzearen eskuzabaltasunean, ez berdinean barneixtean.

la vez separa, dibujando la larga tensión entre protección y dominio que ha atravesado la historia común. Cruce, por su parte, abre la grieta hacia lo que está por venir: allí donde la mezcla deja de ser anomalía para revelarse como condición vital, como motor de resiliencia y variación. Esta secuencia se ordena bajo la apariencia de una trama clásica, comienzo, nudo y desenlace, pero no se cierra en relato alguno: cada acto se ofrece como interrogación que reverbera en el visitante.

Todo se organiza como un proceso de intensificación. No hay relato lineal ni explicación cerrada. Hay encuentros, fricciones, devenires. Cada paso del visitante es un cruce de umbrales: entre visibilidad e invisibilidad, entre lo humano y lo animal, entre arte y biología, entre arquitectura y paisaje. El museo deja de ser solo contenedor de obras y se convierte en un laboratorio vivo de percepciones.

La domesticación atraviesa toda esta experiencia, pero aquí se reformula. Históricamente, domesticar fue separar, controlar, someter. Significaba imponer jerarquías y neutralizar lo salvaje. En *Limina,* en cambio, la domesticación se reimagina como hospitalidad: un modo de convivencia que reconoce la vulnerabilidad mutua. No se trata de dominar, sino de cohabitar.

El cruce de razas en el *Cosmopolitan Chicken Project* de Vanmechelen funciona como metáfora de esta apertura. No busca pureza ni perfección, sino resiliencia, variabilidad y vitalidad. En su trigésima edición, la Mechelse Euskalduna encarna el encuentro entre lo global y lo local, entre memoria genética y hospitalidad cultural. Su existencia recuerda que la vida se sostiene en la mezcla, en la generosidad del cruce, no en la clausura de lo idéntico.

Chillida[9] se describía como un árbol: enraizado en su tierra, con las ramas abiertas al mundo. La metáfora resuena aquí como brújula. El arraigo y la apertura no son opuestos: son fuerzas complementarias. Habitar implica reconocer la densidad del lugar y, al mismo tiempo, abrirse a la alteridad que lo transforma.

[9] Eduardo Chillida, citado en José Ángel Valente, *Elogio del horizonte. Conversaciones con Eduardo Chillida.* Barcelona: Tusquets, 1996.

En *Limina,* el paisaje y la arquitectura se despliegan como un mismo gesto: no se trata de ordenar lo existente desde fuera, sino de dejar que lo vivo adquiera protagonismo. La obra se vuelve permeable a ritmos animales, vegetales y humanos, disolviendo jerarquías entre lo natural y

is to come: where hybridity ceases to be anomaly and reveals itself as a vital condition, as the driver of resilience and variation. This sequence seems to follow a classical structure of beginning, middle, and end, but it never resolves into a closed narrative. Each act is offered as an open question that reverberates within the visitor.

Everything is organised as a process of intensification. There is no linear narrative and no closed explanation—only encounters, frictions, and becomings. Each step the visitor takes is a crossing of thresholds, between visibility and invisibility, the human and the animal, art and biology, architecture and landscape. The museum ceases to be merely a container for works and becomes a living laboratory of perception.

Domestication runs through the entire experience, but here it is reformulated. Historically, to domesticate meant to separate, to control, to subdue—to impose hierarchies and neutralise the wild. In *Limina*, by contrast, domestication is reimagined as hospitality: a way of coexisting that acknowledges mutual vulnerability. It is not about domination, but cohabitation.

The crossbreeding of species in Vanmechelen's *Cosmopolitan Chicken Project* serves as a metaphor for this openness. It does not seek purity or perfection, but resilience, variability, and vitality. In its thirtieth iteration, the *Mechelse Euskalduna* embodies the encounter between the global and the local, between genetic memory and cultural hospitality. Its very existence reminds us that life is sustained through mixture, through the generosity of crossing, not the closure of sameness.

Chillida[9] once described himself as a tree: rooted in his own land, yet with branches open to the world. That metaphor resounds here as a compass. Rootedness and openness are not opposites: they are complementary forces. To inhabit means to acknowledge the density of place while also opening oneself to the otherness that transforms it.

In *Limina*, landscape and architecture unfold as a single gesture: it is not about imposing order from the outside, but allowing the living to take the lead. The work becomes permeable to animal, vegetal, and human rhythms, dissolving hierarchies between the natural and the constructed. This shift inaugurates a sensitive laboratory in which every intervention—curatorial,

[9] Eduardo Chillida, cited in José Ángel Valente, *Elogio del horizonte. Conversaciones con Eduardo Chillida*. Barcelona: Tusquets, 1996.

Origine présente le moment fondateur, lorsque culture et espèce se frôlent pour la première fois et, lors de ce contact incertain, se reconnaissent mutuellement, inaugurant ainsi un voisinage. Domestication introduit le conflit : le geste ambivalent qui prend soin mais soumet en même temps, qui rapproche mais sépare, dessinant la longue tension entre protection et domination qui a traversé l'histoire commune. Croisement ouvre la fissure sur ce qui est à venir : là où le mélange cesse d'être anomalie pour devenir condition vitale, moteur de résilience et variation. L'ordre de cette séquence semble suivre un schéma classique : situation initiale, intrigue, dénouement ; mais elle ne s'enferme pas dans un récit : chaque acte est une interrogation qui se reflète dans le visiteur.

Tout est organisé selon un processus d'intensification. Il n'y a pas de récit linéaire ni d'explication fermée. Il y a des rencontres, des frictions, des devenirs. Chaque pas du visiteur est un franchissement de seuil : entre visibilité et invisibilité, entre humain et animal, entre art et biologie, entre architecture et paysage. Le musée cesse d'être un simple contenant d'œuvres et devient un laboratoire vivant de perceptions.

La domestication traverse toute cette expérience, mais elle est reformulée ici. Historiquement, domestiquer était synonyme de séparer, contrôler, soumettre. Cela signifiait imposer des hiérarchies et neutraliser le sauvage. Dans *Limina*, en revanche, la domestication est réimaginée en hospitalité : un mode de cohabitation qui reconnaît la vulnérabilité mutuelle. Il ne s'agit pas de dominer, mais de coexister.

Le croisement de races du *Cosmopolitan Chicken Project* de Vanmechelen est une métaphore de cette ouverture. Il ne cherche ni la pureté ni la perfection, mais la résilience, la variabilité et la vitalité. Dans sa 30e édition, le Mechelse Euskalduna incarne la rencontre entre le global et le local, entre la mémoire génétique et l'hospitalité culturelle. Son existence rappelle que la vie s'appuie sur le mélange, la générosité du croisement, et non sur la fermeture de l'identique.

Chillida[9] se décrivait comme un arbre : enraciné dans sa terre, les branches ouvertes au monde. La métaphore sert ici de boussole. L'enracinement et l'ouverture ne sont pas contraires :

[9] Eduardo Chillida, cité dans José Ángel Valente, *Elogio del horizonte. Conversaciones con Eduardo Chillida*. Barcelone : Tusquets, 1996.

Chillidak[9] bere burua zuhaitz deskribatzen zuen: lurrean errotu eta adarrak mundura zabalduta. Metaforak iparrorratz baten moduan egiten du hemen durundi. Errotzea eta irekiera ez dira aurkakoak: indar osagarriak dira. Bizitzeak lekuaren dentsitatea ezagutzea eta, aldi berean, leku hori eraldatzen duen alteritatera irekita egotea esan nahi du.

[9] Eduardo Chillida, Jose Angel Valenteren *Elogio del horizonte. Conversaciones con Eduardo Chillida*-n aipatua, Tusquets, Bartzelona, 1996.

Limina-n, paisaia eta arkitektura keinu bera bezala zabaltzen dira: kontua ez da egon badagoena kanpotik ordenatzea, baizik eta bizia duenari protagonismoa hartzen uztea. Animalien, landareen eta gizakien erritmoetara irekitzen da obra, naturaltasunaren eta eraikitakoaren arteko hierarkiak deseginez. Ordezkatze horrek laborategi sentikor bat inauguratzen du, non esku-hartze bakoitzak, dela kuratorial, dela material edo sinbolikoa, saiakuntza gisa jokatzen duen, gure ingurunearekin beste modu batera nola lotu gaitezkeen.

Atalasearen esperientziak ez du helburu itxirik edo ideal abstrakturik adierazten. Areago, bizitzaren kondizio ireki eta erlazionala du erakusten: nonbait bizitzea etengabeko eraldaketen menpe egotea da, nahasketa eta ziurgabetasuna egunerokotasunaren zati gisa onartzea. Irekiera bat, aurreikusi eta aldez aurretik diseinatutako etorkizun gabe, gurutzaketa bakoitzean, dardara partekatu bakoitzean, espezieen arteko bizikidetza-une bakoitzean esperimentatzen den etorkizun baten posibilitatean.

lo construido. Este desplazamiento inaugura un laboratorio sensible donde cada intervención, curatorial, material o simbólica, actúa como un ensayo sobre cómo podemos relacionarnos de otro modo con nuestro entorno.

La experiencia del umbral no apunta a una meta cerrada ni a un ideal abstracto. Más bien, revela la condición abierta y relacional de la vida: habitar es exponerse a transformaciones constantes, aceptar la mezcla y la incertidumbre como parte de lo cotidiano. Una apertura, en la posibilidad de un futuro que no se predice ni se diseña de antemano, sino que se experimenta en cada cruce, en cada vibración compartida, en cada instante de convivencia interespecie.

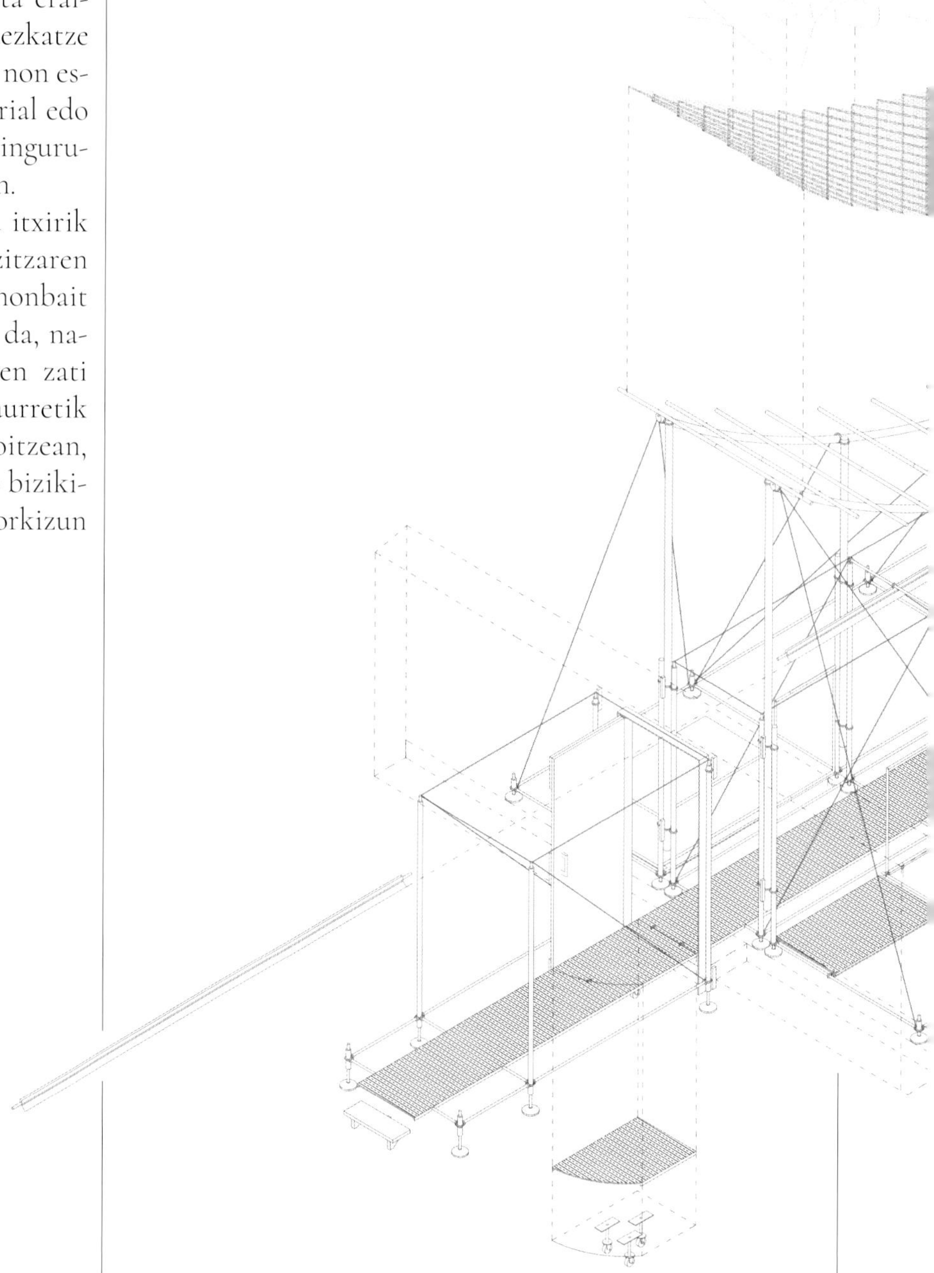

material, or symbolic—acts as an experiment in how we might relate differently to our surroundings.

The experience of the threshold does not point toward a fixed goal or an abstract ideal. Rather, it reveals the open, relational condition of life: to inhabit is to expose oneself to constant transformation, to accept mixture and uncertainty as part of the everyday. It is an opening—a space of possibility for a future that is neither predicted nor predesigned, but experienced through every crossing, every shared vibration, every instant of interspecies coexistence.

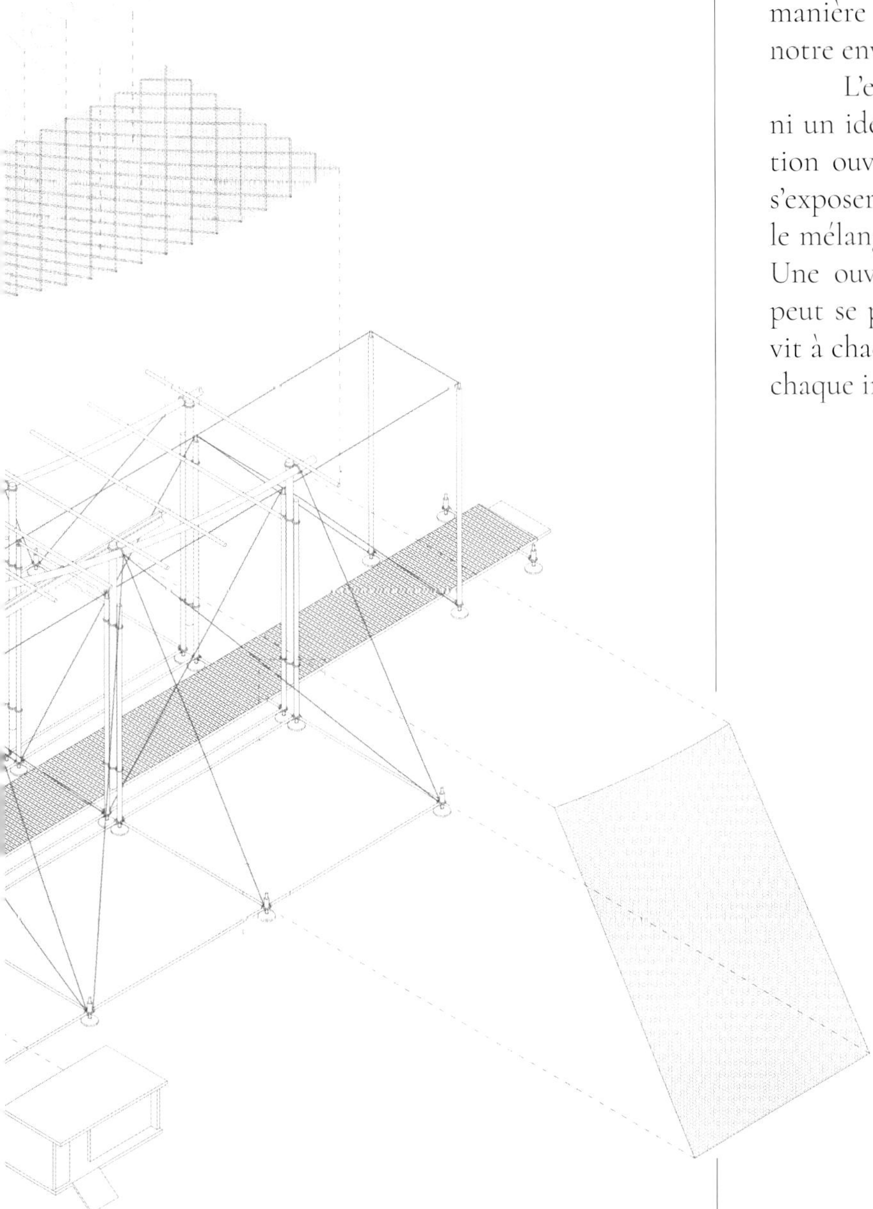

ce sont des forces complémentaires. Habiter implique reconnaître la densité du lieu tout en s'ouvrant à l'altérité qui le transforme.

Dans *Limina,* le paysage et l'architecture se déroulent dans un même geste : il n'est pas question de classer l'existant de l'extérieur, mais de laisser le vivant jouer un rôle. L'œuvre devient perméable aux rythmes animaux, végétaux et humains et dissout les hiérarchies entre le naturel et le construit. Ce déplacement inaugure un laboratoire sensible où chaque intervention (muséale, matérielle ou symbolique) est un essai sur la manière dont nous pouvons établir un autre rapport à notre environnement.

L'expérience du seuil ne vise pas un objectif fermé ni un idéal abstrait. Au contraire, elle révèle la condition ouverte et relationnelle de la vie : habiter, c'est s'exposer aux transformations constantes, accepter que le mélange et l'incertitude fassent partie du quotidien. Une ouverture dans la possibilité d'un futur qui ne peut se prédire ni se concevoir à l'avance, mais qui se vit à chaque croisement, à chaque vibration partagée, à chaque instant de cohabitation interespèce.

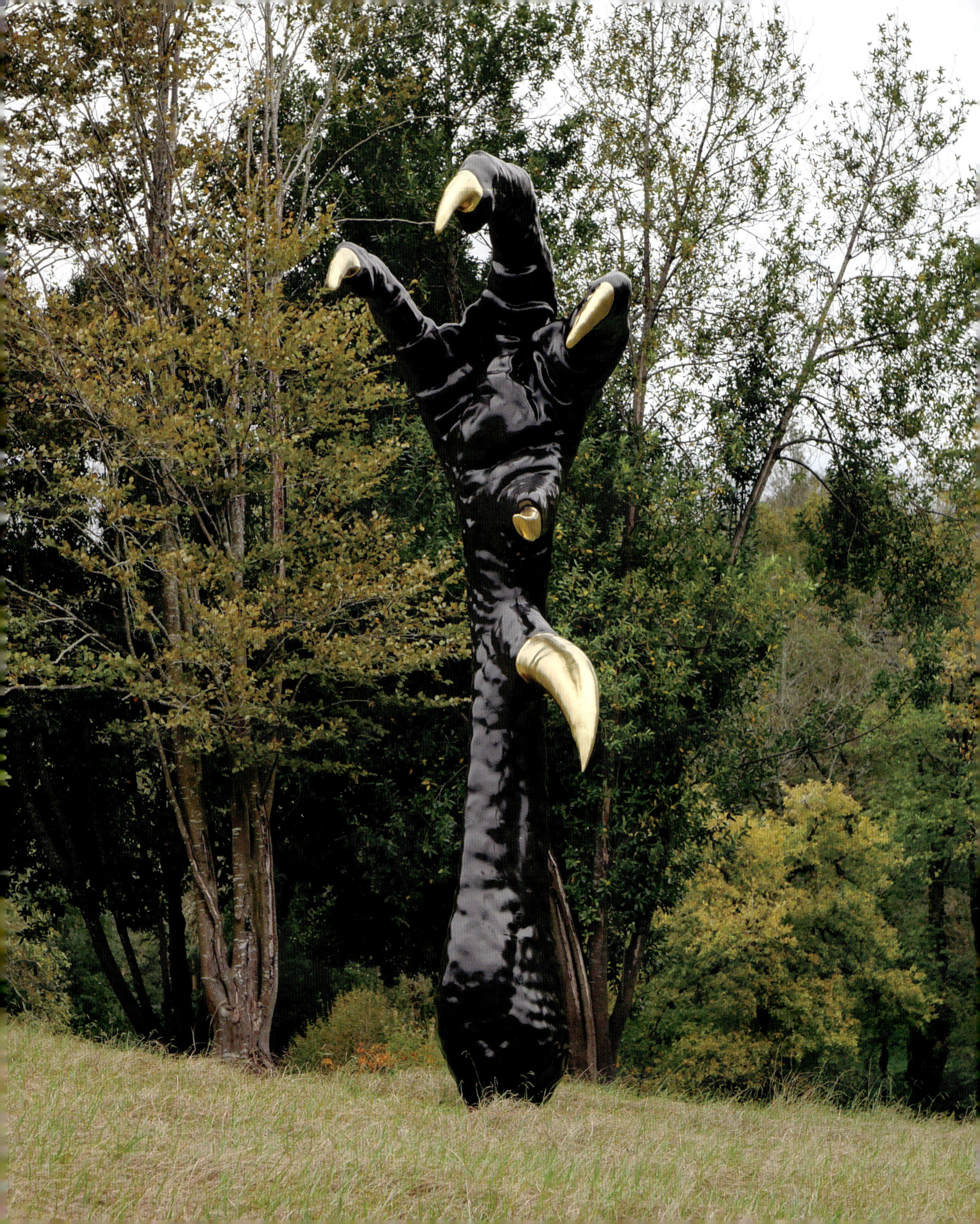

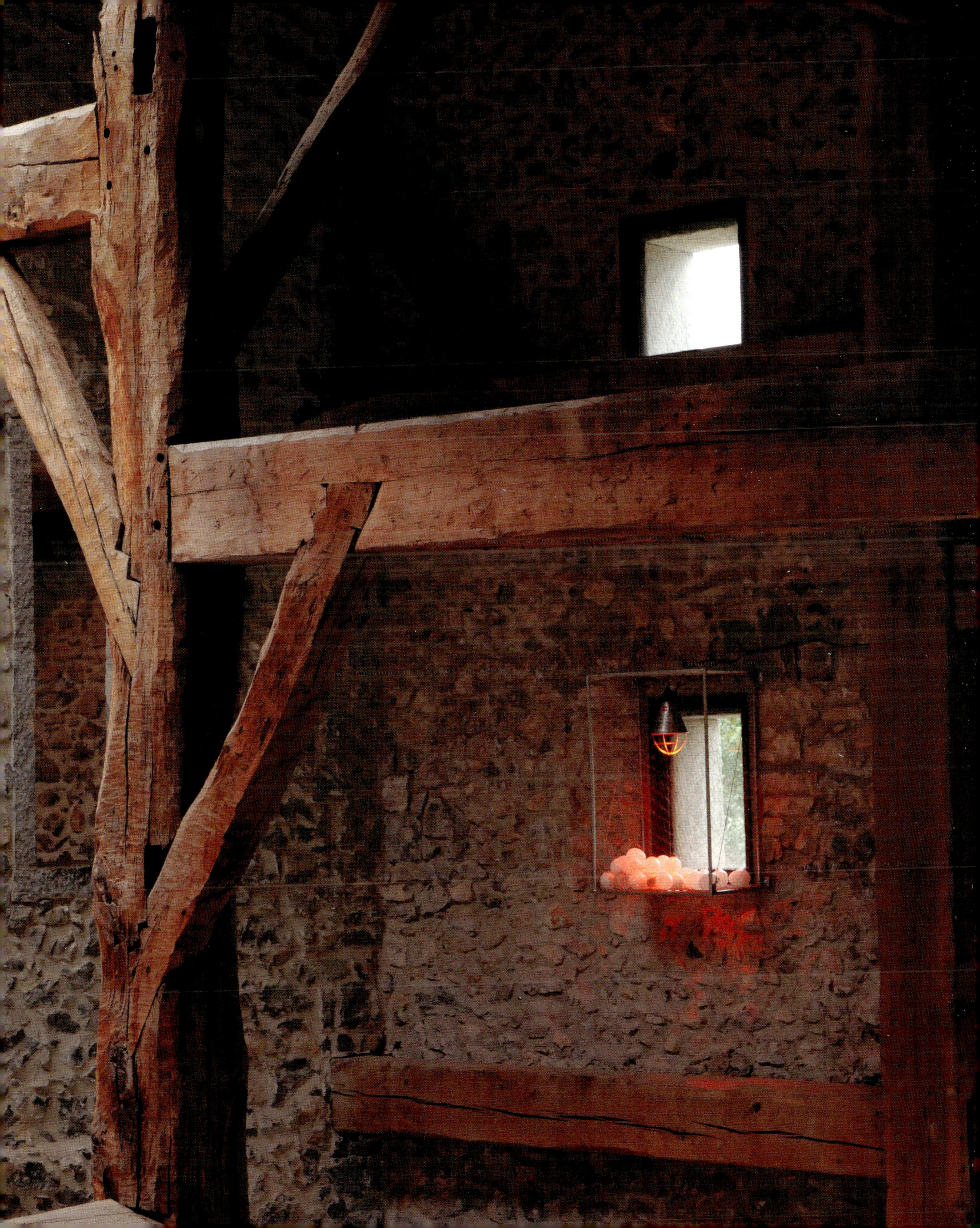

MARIANA PESTANA

ARKITEKTOA

EU

LUMAK (KOSMOPOLITATIK KOSMOPOLITIKORA)

I

TXORIAK

Testu honek hegaztien etxekotzeari buruzko bi istorio uztartzen ditu. Bietan arkitekturak paper garrantzitsua jokatzen du. Bata XVIII. mendean kokatzen da eta bestea XXI.ean. Elkarrekin, espezieen arteko arkitekturaren ideia proposatzen dute.

II

ETXEA

A la Ronde hamasei aldeko eraikin bat da, Devonekoa (Ingalaterra), Exe estuarioari begira dagoena. Bi lehengusuk diseinatu zuten, Jane eta Mary Parminterrek,[1] 10 urtez iraun zuen Europan barnako *Grand Tour* batetik itzulitakoan.[2] Etxearen planoa ziurrenik Ravennako San Vitale basilika bizantziar oktogonalean inspiratuta dago,

[1] John Lowdenek eta bere seme Johnek lagunduta, eraikitzaile eta arkitekto aritu baitziren.

[2] Europako bira kulturala modan egon zen XVIII. mendean goi-klasecetako gazteen artean, haien hezkuntzaren parte gisa, baina ez zen emakumeen artean ohikoa. Haien bidaian, lehengusuak lehen emakumeak izan ziren Frantziako Alpeetako Mont Buet mendira igotzen, orduz geroztik "Parminter Peak" edo "Mont Blanc des Dames" izenekin ezagutzen dena.

ARQUITECTA

ES

PLUMAS (DE COSMOPOLITA A COSMOPOLÍTICO)

I

AVES

Este texto yuxtapone dos relatos sobre la domesticación de las aves. En ambos la arquitectura tiene una importancia primordial. Uno está ambientado en el siglo XVIII y el otro en el XXI. Juntos, proponen la idea de una arquitectura «interespecie».

II

CASA

A la Ronde es una casa de dieciséis paredes con vistas al estuario del Exe, en Devon (Inglaterra). Fue diseñada por dos primas, Jane y Mary Parminter,[1] a su regreso de un largo viaje de diez años por Europa.[2] Es probable que la planta estuviera inspirada en la basílica bizantina octogonal de San Vitale, en Rávena, una construcción del

[1] Con la ayuda de John Lowden y su hijo, también llamado John, que trabajaban como constructores y arquitectos.

[2] En el siglo XVIII, el viaje cultural por Europa *(Grand Tour)* estaba de moda como parte de la educación de los jóvenes aristócratas ingleses, pero era mucho menos común entre las mujeres. En su viaje, las primas fueron las primeras mujeres en ascender al Mont Buet, en los Alpes franceses, que desde entonces se conoce como «Pico Parminter» o «Mont Blanc des Dames».

EN

FEATHERS (COSMOPOLITAN TO COSMOPOLITICAL)

I

BIRDS

This text juxtaposes two stories about the domestication of birds. In both, architecture plays a major role. One is set in the eighteenth century and the other in the twenty-first. Together, they put forward an idea of interspecies architecture.

II

HOUSE

A la Ronde is a sixteen-sided house overlooking the Exe estuary in Devon, England. It was designed by two cousins, Jane and Mary Parminter,[1] on their return from a 10-year-long Grand Tour of Europe.[2] The floorplan is thought to have been inspired by the octagonal Byzantine Basilica de San Vitale in Ravenna, a

[1] Assisted by John Lowden and his son, also named John, who worked as builders and architects.
[2] The Grand Tour of Europe was fashionable in the eighteenth century among young men of the upper classes as part of their education, but it was far less common for women. During their journey, the cousins became the first women to ascend Mont Buet in the French Alps, which has since been known as 'Parminter Peak' or 'Mont Blanc des Dames'.

FR

PLUMES (DU COSMOPOLITE AU COSMOPOLITIQUE)

I

OISEAUX

Ce texte juxtapose deux histoires de domestication d'oiseaux, dans lesquelles l'architecture joue un rôle de premier plan. La première se passe au XVIIIe siècle, la seconde au XXIe. Ensemble, elles transmettent l'idée d'architecture interespèce.

II

MAISON

A La Ronde est un bâtiment à 16 faces donnant sur l'estuaire de l'Exe dans le Devon, en Angleterre. Il a été conçu par deux cousines, Jane et Mary Parminter,[1] à leur retour d'un voyage de 10 ans à travers l'Europe.[2] Le plan de la maison est certainement inspiré de la basilique byzantine octogonale de Saint-Vitale à Ravenne,

[1] Avec l'aide de John Lowden et de son fils John, à la fois ouvriers et architectes.
[2] Les voyages culturels à travers l'Europe étaient très à la mode au XVIIIe siècle chez les jeunes hommes des classes supérieures et faisaient même partie de leur éducation, ce qui n'était pas le cas pour les jeunes femmes. Les deux cousines furent les premières femmes à gravir le mont Buet dans les Alpes françaises, depuis lors connu sous le nom de « pic Parminter » ou « mont Blanc des Dames ».

lehengusuek Italiako bidaian bisitatutako VI. mendeko eraikina. San Vitalek bezala, *A la Ronde*-k gela oktogonala du erdigunean. Goitik behera maskorrez apaindutako 360 graduko galeria bat ikus daiteke hortik. Arratsaldeetan, kandelen argitara, Maskorren Galeriari begiratzeak ur azpian egotearen irudipena sor dezake.[3] Maskorrak, eta baita hareak, algak eta bestelako txordoka naturalak ere Devoneko hondartzan bildu zituzten.

[3] National Trust, "History of A La Ronde", eskuragarri hemen: https://www.nationaltrust.org.uk/visit/devon/a-la-ronde/history-of-a-la-ronde

III

USOA

Tradizionalki haize-orratzerako oilarra paratzen den lekuan, lehengusuek uso bat jarri zuten. Eta ispilu egin zioten, barruan, sabaitik zintzilik dagoen bigarren uso batekin, olibondo adar bat ahoan duela.

IV

FRISOA

Egongelan 27 metroko luzera duen friso bat dago, osorik lumez egina. Parmintertarrek osatu zuten, bertako ehiza-hegaztien, pagoen, oiloen eta papagaien lumajeekin, beren lurretan hartu eta dekorazio-patroiei jarraituz antolatuta. Lumajeak, etxe barruko arkitekturan elementu dekoratzaile gisa, kulturaren eta kosmopolitismoaren ikur bihurtu ziren XVIII. mendeko zirkulu femeninoetan. Luma bakanek aberastasuna eta bidaiatu izana erakusten zuten, eta lumak mundu osoan zehar merkaturatu ziren. *A la Ronde*-n, material gehienak naturalak eta tokikoak dira. Lumak bertako hegaztietatik badatoz ere, haien espezieek urruneko geografia gogorarazten dute.

V

LUMA

A La Ronde-ko frisoa XVIII. mendean beste emakume batzuen etxeak ere apaindu izan dituen luma-lanaren adibide bakana da, garai batean modako eta sinbolikoki aberastasunaren ikur. Lumak delikatuak eta izurriteen

siglo VI que las primas visitaron durante su estancia en Italia. Al igual que San Vitale, *A la Ronde* tiene una sala octogonal en el centro, coronada por una galería que la rodea y está completamente decorada con conchas. De noche, a la luz de las velas, es posible que contemplar la Galería de las Conchas generase la sensación de estar bajo el agua.[3] Estas conchas, al igual que la arena, algas y otros elementos naturales, se recogieron en la playa de Devon.

[3] National Trust, «History of *A La Ronde*», disponible en https://www.nationaltrust.org.uk/visit/devon/a-la-ronde/history-of-a-la-ronde

III

PALOMA

En el lugar en que habitualmente se instalaba una veleta en forma de gallo, las primas pusieron una paloma. En el interior, la replicaron con una segunda paloma colgada del techo, con una rama de olivo en el pico.

IV

FRISO

En la salita hay un friso de 27 metros de largo, fabricado enteramente de plumas. Fue confeccionado por las Parminter con plumas de aves de caza autóctonas, pavos reales, gallinas y loros sacrificados en su finca y dispuestos en motivos decorativos. Como elementos ornamentales en la arquitectura de interiores, las plumas se convirtieron en un símbolo de cultura y cosmopolitismo en los círculos femeninos del siglo XVIII. Las plumas exóticas denotaban riqueza y experiencia viajera, y se adquirían en todo el mundo. En *A la Ronde*, la mayoría de los materiales son naturales y de origen local. Las plumas son de aves autóctonas, aunque sus especies evocan geografías lejanas.

V

PLUMA

El friso de *A La Ronde* es uno de los pocos ejemplos de plumería que han pervivido; una artesanía que en su día estuvo de moda, cargada de simbolismo, que decoraba los hogares de otras mujeres en el siglo XVIII.

sixth-century building which the cousins visited during their travels in Italy. Like San Vitale, *A la Ronde* has an octagonal room at its centre. From there, it is possible to look up to a 360-degree gallery entirely decorated with shells. In the evenings, lit by candlelight, looking up at the Shell Gallery may have created the sensation of being underwater.[3] The shells, as well as the sand, seaweed, and other natural gleanings, were gathered from the beach in Devon.

[3] National Trust, 'History of A La Ronde', available at https://www.nationaltrust.org.uk/visit/devon/a-la-ronde/history-of-a-la-ronde

III

DOVE

Where traditionally a cockerel weathervane would be placed, the cousins installed a dove. Inside, they mirrored it with a second dove suspended from the ceiling, holding an olive branch in its beak.

IV

FRIEZE

In the drawing room there is a 27-metre-long frieze made entirely from feathers. It was composed by the Parminters from the plumage of native game birds, peacocks, chickens, and parrots culled on their estate and arranged into decorative patterns. Feathers, as decorative elements in interior architecture, became a symbol of culture and cosmopolitanism in the feminine circles of the eighteenth century. Rare feathers signified wealth and the experience of travel and were traded around the world. At *A la Ronde*, most materials are natural and locally sourced. The feathers came from native birds, although their species evoke distant geographies.

V

FEATHER

The frieze at *A La Ronde* is a rare surviving example of the once-fashionable and symbolically rich featherwork that decorated the homes of other women in the eighteenth century. Because feathers are delicate

un édifice datant du VIe siècle que les cousines visitèrent lors de leur séjour dans cette ville. À l'instar de Saint-Vitale, *A La Ronde* est occupée en son centre par une pièce octogonale. Un balcon circulaire entièrement décoré de coquillage surplombe la salle. Le soir, à la lumière des bougies, cette « Galerie des coquillages » donnait peut-être l'impression de se trouver sous l'océan.[3] Les coquillages, ainsi que le sable, les algues et les autres produits de la nature ont été ramassés sur les plages du Devon.

[3] National Trust : « History of A La Ronde ». Disponible sur : https://www.nationaltrust.org.uk/visit/devon/a-la-ronde/history-of-a-la-ronde

III

COLOMBE

À la place de la traditionnelle girouette en forme de coq, les cousines installèrent une colombe. Elles en suspendirent une autre au plafond, à l'intérieur, tel un reflet de la première, tenant dans son bec une branche d'olivier.

IV

FRISE

Une frise de 27 m de long entièrement faite de plumes orne le salon. Elle a été fabriquée par les Parminter avec des plumes d'oiseaux de gibier indigènes, de paons, de poulets et de perroquets, sélectionnées sur leur propriété et disposées selon un motif décoratif. Les plumages comme élément de décoration dans l'architecture intérieure deviennent un symbole de culture et de cosmopolitisme dans les cercles féminins des années 1700. À cette époque, ils font l'objet d'un commerce dans le monde entier et les plumes rares sont synonymes de richesse et de voyage. La plupart des matériaux d'*A La Ronde* sont naturels et locaux. Les plumes proviennent d'oiseaux indigènes, même si leurs espèces évoquent des pays lointains.

V

PLUME

La frise d'*A La Ronde* constitue un exemple rare d'une mode ancienne, les décorations en plumes, riches de symboles, qui décoraient les maisons de femmes au

kalteen aurrean zaurgarriak direnez gero, artisautza honen adibide gutxik iraun dute.

VI

LUMAJEA

Lumaje hau, ez zaparradaren danbadak,
Ez estalpe bustia astindutako haizekadak ere[4]

[4] William Cowper, "On the beautiful Feather-Hangings, designed for Mrs. Montagu", *Gentleman's Magazine,* 58, Ekaina, 1788, 542. or.

VII

ULTRAMOREA

Maryren testamentuak zehazten zuen *A la Ronde* eta bere edukia osorik gorde behar zirela, eta emakumezko ahaide ezkongabeek baino ez zutela oinordetzan jasotzeko eskubidea izango. Horrela, etxea eta ondasunak emakumetik emakumera pasatuko lirateke. Arau horrek urte luzez iraun zuen, baina azkenean hautsi egin zen, XIX. mende amaieran mosen Oswald Reichel gizonezko senidearen esku geratu zenean. Hainbat jabe izan ondoren, Margaret Tudorrek erosi zuen eta 1935ean etxea jendeari ireki zion. Jabetza pribatuan egon da 1991n National Trust-i saldu zitzaion arte. Arduradunek barrualdea osorik mantendu dute eta argi ultramorea erabiliz papagaien lumak identifikatu ahal izan dituzte, baita indioilar, oskilaso, pintada eta ur-hegaztienak ere. 'Erredola' zirkularrek bertako ehiza-hegaztien lumak dituzte.

VIII

PANELA

Parmintertarrek Grand Tourra egin eta urte batzuetara, Elizabeth MontagukLondreseko Portland Squareko bereetxea inauguratu zuen, zer esan franko eman zuen bertan erakutsitako lumazko panel batekin, Montaguk XVIII. mendeko zirkulu intelektualen artean zeukan boterea eta eragina baieztaturik. Urdinen erregina goitizenaz ezaguna, Montagu eragin handiko idazlea izan zen, eta XVIII. mendeko Bluestockings

Dado que las plumas son delicadas y vulnerables a las plagas, se han conservado muy pocos ejemplos de este arte.

VI

PLUMAJE

Este plumaje no es un aguacero impetuoso,
ni ráfagas que sacuden la empapada pérgola[4]

[4] Extracto del poema de William Cowper, «Sobre el hermoso tapiz de plumería diseñado para la Sra. Montagu», en *The Gentleman's Magazine,* 58, junio de 1788, p. 542.

VII

LUZ ULTRAVIOLETA

El testamento de Mary especificaba que tanto la casa *A la Ronde* como sus enseres debían conservarse intactos, y que solo las parientes solteras podían heredarla. De este modo, la casa y la finca pasarían de mujer a mujer. Esta norma se mantuvo durante muchos años, pero finalmente se quebró cuando la propiedad pasó al reverendo Oswald Reichel, un descendiente masculino, a finales del siglo XIX. Tras varios propietarios, Margaret Tudor la adquirió y la abrió al público en 1935. Permaneció en manos privadas hasta su venta al *National Trust* en 1991. Los conservadores han mantenido intactos los interiores y, aplicando luz ultravioleta, han podido identificar plumas de loro, pavo real, arrendajo, gallina de Guinea y aves acuáticas. Los medallones circulares contienen plumas de aves de caza autóctonas.

VIII

PANEL

Unos años después del *grand tour* de las Parminter, la inauguración de la casa de Elizabeth Montagu en Portland Square (Londres) reveló un panel plumario que fue muy celebrado, lo que confirmó el poder e influencia de su poseedora en los círculos intelectuales del siglo XVIII. Conocida como la «Reina de los Azules», Montagu era una importante escritora y promotora de

and vulnerable to damage from pests, very few examples of this craft have endured.

VI

PLUMAGE

This plumage neither dashing shower,
Nor blasts, that shake the dripping bower[4]

[4] Excerpt from William Cowper's poem 'On the beautiful Feather-Hangings, designed for Mrs. Montagu', in *The Gentleman's Magazine*, 58, June 1788, p. 542.

VII

UV LIGHT

Mary's will specified that *A la Ronde* and its contents should be preserved intact, and that only unmarried kinswomen should be eligible to inherit it. As such, the house and estate would be passed down from women to women. That rule held for many years, but was eventually broken when the property passed to Reverend Oswald Reichel, a male relative, in the late nineteenth century. After several owners, Margaret Tudor purchased the deeds, and in 1935, opened the house to the public. It remained in private ownership until its sale to the National Trust in 1991. Conservators have kept the interiors largely intact and, using UV light, were able to identify parrot feathers as well as peacocks, jays, guinea fowl, and waterfowl. The circular 'roundels' contain feathers from native game birds.

VIII

PANEL

A few years after the Parminters' Grand Tour, Elizabeth Montagu opened her house in Portland Square, London, with a panel of feathers that drew wide public attention, affirming her power and influence among the intellectual circles of the eighteenth century. Known as Queen of the Blues, Montagu was an influential writer and the leading figure of the Bluestockings Society, a female intellectual and literary salon in

XVIIIe siècle. Les plumes étant délicates et vulnérables aux insectes, il reste très peu d'exemples de cet art.

VI

PLUMAGE

Ce plumage ni averse pimpante,
Ni bourrasque agitant la charmille ruisselante[4]

[4] Extrait du poème de William Cowper : « On the beautiful Feather-Hangings, designed for Mrs. Montagu », dans : *The Gentleman's Magazine*, 58, juin 1788, p. 542.

VII

LUMIÈRE UV

Le testament de Mary stipule qu'*A La Ronde* et son contenu doivent être préservés tels quels et que seules des parentes non mariées peuvent en hériter. Ainsi, la maison et la propriété passent de femme en femme. Respectée de nombreuses années, cette règle est finalement rompue lorsque le révérend Oswald Reichel, un parent, hérite de la propriété au XIXe siècle. Après avoir appartenu à plusieurs propriétaires, Margaret Tudor achète les actes de propriété en 1935 et ouvre la maison au public. La demeure reste privée jusqu'à sa vente au National Trust en 1991. Les conservateurs ont maintenu l'intérieur intact et ont identifié des plumes de perroquet, de paons, de geais, de pintades et d'oiseaux aquatiques grâce à la lumière UV. Les « cocardes » circulaires contiennent des plumes d'oiseaux de gibier indigènes.

VIII

PANNEAU

Quelques années après le Grand Tour des Parminter, lorsqu'Elizabeth Montagu inaugure sa maison de Portland Square à Londres, un panneau de plumes défraye la chronique et raffermit la puissance et l'influence de Montagu dans les cercles intellectuels des années 1700. Connue sous le nom de « Queen of the Blues » ou « Reine des bas-bleus », Montagu est une écrivaine influente et une figure majeure de la Bluestockings Society, un salon

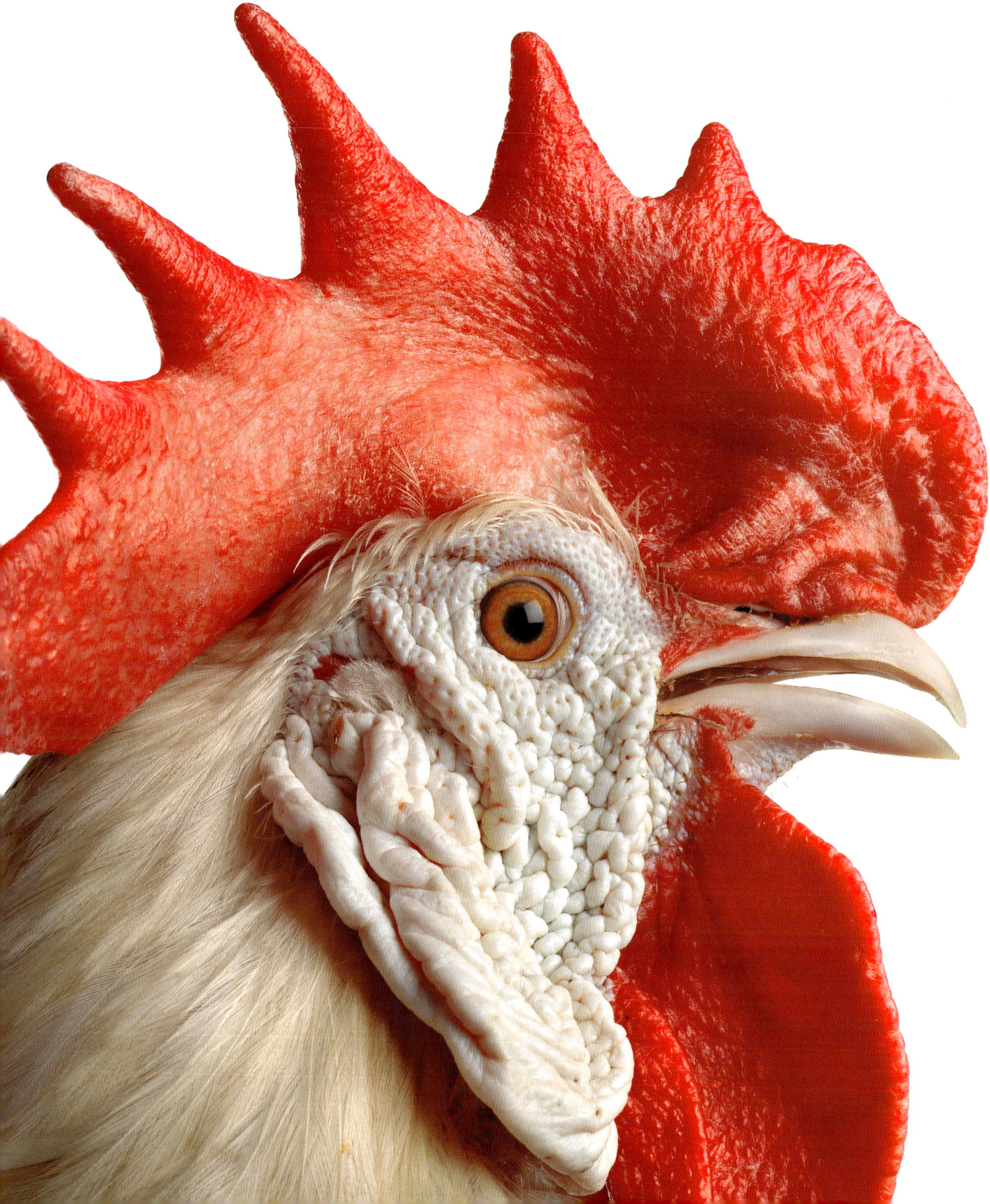

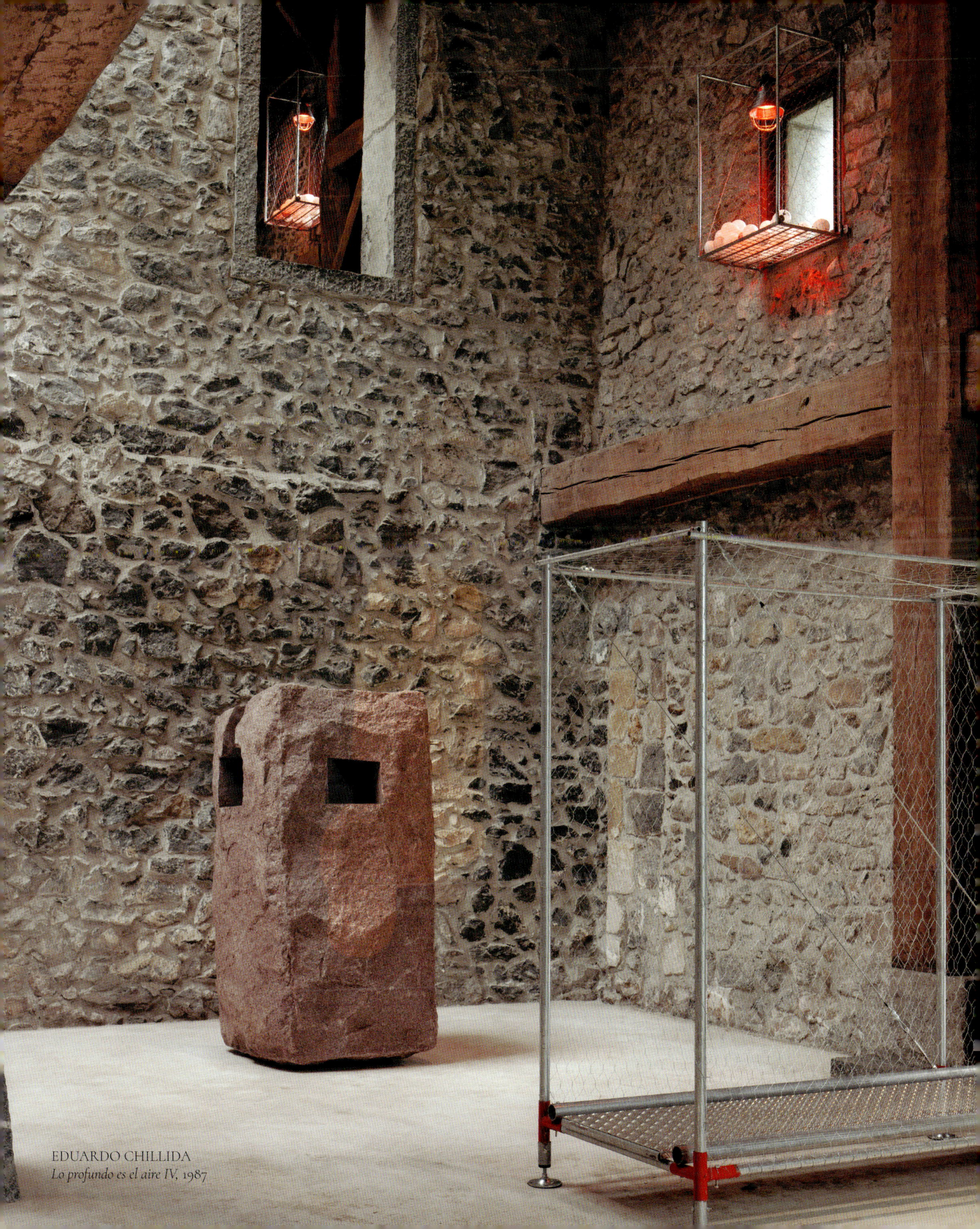

EDUARDO CHILLIDA
Lo profundo es el aire IV, 1987

Society Londreseko emakume intelektualen eta literatura-aretoko pertsonaia nagusia. Lumazko panelek haren kosmopolitismoa gorpuzten zuten mundu osoko eragin kulturalaren froga material gisa.[5]

[5] Ruth Scobie: "'To dress a room for Montagu': Pacific Cosmopolitanism and Elizabeth Montagu's Feather Hangings". *Lumen*, 33, 2014, 123-137. orr.

IX

PREZIOA

Panelak William Cowperren poema batean irudikatuak izan ziren, 1788an *The Gentleman's Magazine* aldizkarian argitaratuta. Animalien eskubideen defendatzaile, Cowperrek dekorazioan ageri zen bizitzaren eta heriotzaren arteko anbiguotasunari arreta jarri zion. Poemak lumen kolore eta patroi biziak deskribatzen ditu, harribitxi baliotsuekin erkatuta. Iruditeria honek luxu eta oparotasun sentsazioa ekartzen du, artearen eta edertasunaren botere eraldatzailea azpimarraturik. Baina irakurketa kritiko batek panelen jatorri materiala eta Ilustrazioaren kosmopolitismoaren "prezioa" agerian uzten ditu. Luxu estetikoa, ustiatzen kolonialaren erakusgarri.

X

ONDASUNAK

Lumak mundu osotik iristen hasi ziren Montaguren landa-etxaldera, Berkshiren, Londresera bidaliak izan baino hamar urte lehenago, eta zerbitzari askoren lana eskatzen zuen.[6] Montagu esklaboen salerosketaren aurka zegoen eta Britainiar Inperioarekin kritikoa zen, baina lau kontinenteetatik Londresera "ondasun naturalak" garraiatzeko beharrezkoak ziren harreman inperialak eta klase-harremanak gordetzen dituzte bere luma-panelek.

[6] "Han sailkatu, ebaki eta josi egin zituen zerbitzari-armada txiki batek, horretarako propio langela batean, Elizabeth Tullen zaintzapean".

XI

ARRAZA

1999an, Koen Vanmechelen artista belgikarrak bi oilo-arraza gurutzatu zituen: Mechelen kukua eta

la *Bluestockings Society*, un salón intelectual y literario femenino del Londres de la época. Los paneles de plumas encarnaban su cosmopolitismo como prueba material de su influencia cultural en todo el mundo.[5]

[5] Ruth Scobie: «"To dress a room for Montagu": Pacific Cosmopolitanism and Elizabeth Montagu's Feather Hangings», en *Lumen*, 33, 2014, pp. 123-137.

IX

PRECIO

Estas piezas fueron retratadas en un poema de William Cowper publicado en 1788 en la revista *The Gentleman's Magazine*. Cowper, defensor de los derechos de los animales, señaló la ambivalencia entre vida y muerte presente en esta decoración. El poema describe los vivos colores y motivos de las plumas, comparándolos con piedras preciosas. Las imágenes evocan una sensación de lujo y opulencia, y subrayan el poder transformador del arte y la belleza. Pero una lectura crítica revela los orígenes materiales de los tapices y el «precio» del cosmopolitismo ilustrado: un esplendor estético sustentado en la explotación colonial.

X

RIQUEZAS

Las plumas comenzaron a llegar desde todos los puntos del globo a la finca de Montagu, en Berkshire, diez años antes de enviarse a Londres; la obra requirió el trabajo de numerosos sirvientes.[6] Aunque Montagu se oponía al comercio de esclavos y era crítica con el Imperio Británico, sus paneles plumarios ocultan las relaciones imperiales y de clase que hacían posible transportar las «riquezas naturales» de los cinco continentes hasta Londres.

[6] «Allí eran clasificadas, recortadas y cosidas en un taller especial, por un pequeño ejército de sirvientes supervisados por Elizabeth Tull». *Ibid.*

XI

RAZA

En 1999, el artista belga Koen Vanmechelen cruzó dos razas de gallinas: una gallina de Malinas y una

London. The feather panels embodied her cosmopolitanism as material evidence of cultural influence around the world.[5]

[5] Ruth Scobie: "'To dress a room for Montagu': Pacific Cosmopolitanism and Elizabeth Montagu's Feather Hangings', in *Lumen*, 33, 2014, pp. 123-137.

IX

PRICE

The panels were depicted in a poem by William Cowper, published in *The Gentleman's Magazine* in 1788. A defender of animal rights, Cowper drew attention to the ambiguity of life and death present in the décor. The poem describes the vibrant colours and patterns of the feathers, comparing them to precious gems. This imagery evokes a sense of luxury and opulence, emphasizing the transformative power of art and beauty. But a critical reading reveals the panels' material origins, and the 'price' of Enlightenment cosmopolitanism: aesthetic splendour built upon colonial exploitation.

X

RICHES

Feathers began to arrive from around the world at Montagu's country estate in Berkshire ten years before they were sent to London, involving the labour of many servants.[6] Montagu opposed the slave trade and was critical of the British Empire, yet her feather panels conceal the imperial and class relations that made possible the transport of 'natural riches' from all four continents to London.

[6] 'There they were sorted, trimmed, and sewn together, in a dedicated workroom, by a small army of servants overseen by Elizabeth Tull.' Ibid.

XI

BREED

In 1999, Belgian artist Koen Vanmechelen crossed two chicken breeds—a Mechelen Cuckoo and a Poulet de Bresse. This act evolved into a universal breeding project whose ultimate aim is to create a cosmopolitan chicken carrying the genetic heritage of all chicken breeds

intellectuel et littéraire féminin à Londres au XVIIIe siècle. Les panneaux de plumes incarnent son cosmopolitisme, preuve matérielle d'influence culturelle dans le monde.[5]

[5] Ruth Scobie : « "To dress a room for Montagu": Pacific Cosmopolitanism and Elizabeth Montagu's Feather Hangings », dans : *Lumen*, 33, 2014, p. 123-137.

IX

PRIX

Williame Cowper décrit les panneaux dans l'un de ses poèmes, publié dans la revue *The Gentleman's Magazine* en 1788. Défenseur du droit des animaux, Cowper attire l'attention sur l'ambiguïté entre la vie et la mort qui réside dans l'ornement. Le poème décrit les couleurs vives et les motifs des plumes en les comparant à des pierres précieuses. L'image évoque le luxe et l'opulence et souligne le pouvoir transformateur de l'art et de la beauté. Toutefois, une lecture critique révèle les origines des matériaux des panneaux et le « prix » du cosmopolitisme des Lumières. Un luxe esthétique qui exhibe l'exploitation coloniale.

X

RICHESSES

Provenant du monde entier, les plumes commencent à arriver dans la résidence de campagne de Montagu dans le Berkshire dix ans avant leur envoi à Londres et nécessitent le travail de nombreux domestiques.[6] Si Montagu s'oppose à la traite des esclaves et critique l'Empire britannique, ses panneaux de plumes dissimulent toutefois les rapports impériaux et de classe nécessaires au transport vers Londres des « richesses naturelles » provenant des quatre continents.

[6] « Elles étaient stockées, taillées et cousues entre elles dans une pièce dédiée, par une petite armée de domestiques supervisés par Elizabeth Tull. » Ibid.

XI

RACE

En 1999, l'artiste belge Koen Vanmechelen croise deux races de poulet : le coucou de Malines et le poulet

Poulet de Bresse bat. Hau hazkuntza egitasmo orokorrago bihurtu zen, mundu osoko oilo arraza guztien geneak dituen oilo kosmopolita bat lortzea helburu duena.[7] Egitasmoaren iterazio bakoitza dena delako oiloaren multzo genetikoa zabaltzeko aukera da. Egitasmoa monolaborantzarentzat da erronka eta aniztasun genetikoa sustatzen du, animalien ongizateari, globalizazioari eta manipulazio genetikoari buruzko eztabaidak eta debate etikoak eraginez.

[7] Urteetan zehar, Vanmechelenek gurutzaketa-jarduera gainditzen duen lan multzo bat sortu zuen. Chillida Leku Museoko erakusketak proiektuaren 30. edizioa hartzen du barne, *Cosmopolitan Chicken Project* izenekoa.

XII

LUMA

Limina hazkuntza egitasmoaren azken iterazioa dugu. Chillida Leku museora mundu osoko 30 oilo-arraza ekarri zituen. 30 arrazetako luma bana bildu eta beirazko hodi indibidualetan sartu izan da, bakoitza izen, zenbaki eta barra-kode batekin katalogatuta.

XIII

EUSKAL OILOA

Euskal Oiloa euskal oilo arraza autoktonoa da. Bost barietate daude, denak oinarrizko itxura berdina baina luma diseinu desberdinarekin: "Beltza" (beltza distira berdeekin), "Gorria", "Lepasoila","Marraduna"(marra gorriduna) eta "Zilarra" (zilar kolorekoa edo zurixka dena).[8]

[8] Euskal Oiloa, Slow Food Foundation for Biodiversity-aren arabera, helbide honetan: https://www.fondazioneslowfood.com/en/ark-of-taste-slow-food/basque-chicken-euskal-oiloa/

XIV

HABITATA

Mugak/ Euskadiko Nazioarteko Arkitektura Bienalaren barruan, erakusketak museoa bizi-ingurune bihurtu zuen, hainbat kategoriaren arteko mugak zeharkatuz, hala nola natura, arte, zientzia edo arkitekturarenak. Museoaren eraikinaren loratEgia eta baserria Euskal Oiloaren habitat bihurtu ziren, Euskal

gallina de Bresse. Del cruce surgió un proyecto de cría universal cuyo objetivo final es un pollo cosmopolita que contenga la herencia genética de todas las razas de gallinas del mundo.[7] Cada iteración del proyecto representa una nueva oportunidad de ampliar el acervo genético. El proyecto desafía el monocultivo y busca fomentar la diversidad genética y abrir los debates sobre bienestar animal, globalización y manipulación genética.

[7] Con los años Vanmechelen ha creado una obra que va más allá del mero cruce de razas. La exposición del Museo Chillida Leku acoge la 30ª edición del proyecto, titulada *Cosmopolitan Chicken Project.*

XII

PLUMA

Limina fue la última iteración de este proyecto de cría. Reunió en el interior del museo Chillida Leku a 30 razas de gallinas procedentes de distintas partes del mundo. De cada una se recogió una pluma, que se colocó en un tubo de vidrio con su nombre, número y código de barras.

XIII

EUSKAL OILOA

La Euskal Oiloa es la gallina autóctona vasca. Existen cinco variedades, todas con una morfología básica idéntica pero con distintos plumajes: «Beltza» (negra con reflejos verdosos), «Gorria» (rojiza), «Lepasoila» (cuello desnudo), «Marraduna» (rayas rojizas) y «Zilarra» (plateada o blanquecina).[8]

[8] La Euskal Oiloa según la Fundación Slow Food para la Biodiversidad, consultado en https://www.fondazioneslowfood.com/en/ark-of-taste-slow-food/basque-chicken-euskal-oiloa/

XIV

HÁBITAT

Dentro de la Bienal Internacional de Arquitectura del País Vasco Mugak/, la exposición convirtió el museo en un organismo vivo, que desdibujaba las líneas divisorias entre naturaleza, arte, ciencia y arquitectura. El jardín y la granja del museo se convirtieron en el hábitat de la Euskal Oiloa, la raza de gallinas

worldwide.[7] Every iteration of the project is an opportunity to expand the genetic pool of the chicken involved. The project challenges monoculture and seeks to promote genetic diversity, sparking debates about animal welfare, globalisation and genetic manipulation.

[7] Over the years, Vanmechelen has created a body of work that extends far beyond the act of crossbreeding itself. The exhibition at the Chillida Leku Museum presents the 30th edition of the project, titled *Cosmopolitan Chicken Project*.

XII

FEATHER

Limina was the latest iteration of the breeding project. It brought together 30 breeds of chicken from around the world inside the Chillida Leku museum. A feather from each of the 30 breeds was collected and placed in an individual glass tube, each catalogued with a name, a number, and a barcode.

XIII

EUSKAL OILOA

The Euskal Oiloa is the native Basque hen. There are five varieties, all sharing the same basic form but differing in feather pattern: 'Beltza' (black with greenish sheen), 'Gorria' (reddish), 'Lepasoila' (bald-necked), 'Marraduna' (barred red), and 'Zilarra' (silver or whitish).[8]

[8] The Euskal Oiloa according to the Slow Food Foundation for Biodiversity, accessed at https://www.fondazioneslowfood.com/en/ark-of-taste-slow-food/basque-chicken-euskal-oiloa/

XIV

HABITAT

As part of the Mugak/ Basque Country International Architecture Biennial, the exhibition transformed the museum into a living environment that crossed boundaries between nature, art, science, and architecture. The museum's garden and farmhouse were reimagined as the habitat of the *Euskal Oiloa*, the chicken breed native to the Basque Country, with controlled access for visitors.

de Bresse. Cette expérience se transforme en projet universel de reproduction dont l'objectif final est d'obtenir un poulet cosmopolite portant les gènes de toutes les races de poulet du monde entier.[7] Chaque itération du projet est l'occasion d'élargir le patrimoine génétique des poulets concernés. Le projet remet en question la monoculture et vise à promouvoir la diversité génétique, tout en suscitant des discussions et des débats éthiques sur le bien-être animal, la globalisation et la manipulation génétique.

[7] Au fil des années, Vanmechelen a créé un ensemble d'œuvres qui dépasse l'activité de croisement. L'exposition au musée Chillida Leku accueille la 30e édition du projet, intitulé *Cosmopolitan Chicken Project*.

XII

PLUME

Limina est la dernière itération du projet de croisement. À cette occasion, 30 races de poulet du monde entier sont présentées au musée Chillida Leku. Une plume de chacune des 30 espèces a été placée dans un tube en verre, cataloguée sous un nom, un numéro et un code-barre.

XIII

EUSKAL OILOA

L'Euskal Oiloa est une race de poule native du Pays basque. Il existe cinq variétés. Toutes ont la même forme de base, mais des plumes différentes : « Beltza » (noires aux reflets verts), « Gorria » (rougeâtres), « Lepasoila » (cou glabre), « Marraduna » (lignes rouges) et « Zilarra » (argentées ou blanchâtres).[8]

[8] Description de l'Euskal Oiloa selon la Slow Food Foundation for Biodiversity. Disponible (en anglais) sur : https://www.fondazioneslowfood.com/en/ark-of-taste-slow-food/basque-chicken-euskal-oiloa/

XIV

HABITAT

Dans le cadre de la Biennale internationale d'architecture du Pays basque Mugak/, l'exposition transforme le musée en un environnement vivant et repousse les frontières entre des catégories telles que la nature,

Herriko jatorrizko oilo arraza, pertsonentzako sarbidea mugatuta.

XV

ETXEA

Chillida Lekun, Garbizu Collar + Kri arkitektoek oilategiaren tipologia birplanteatu eta etxekotzearen giza praktikak alderantzikatzen dituen espazioa diseinatu zuten. Haien arkitekturak museoko lorategia Euskal Oiloaren etxe bihurtu zuen. Baserriaren sarreran, atalase batek kanpokoa eta barrukoa bereizten zituen. Metalezko egitura arina erabiliz, pasabidearen diseinuak pertsonak bildu, zedarritu eta gidatzen zituen. Arkitektura hau Deleuzeren eta Guattariren animalia bihurtzearen kontzeptuan inspiratuta zegoen. Tarteka, oiloak ziren gizakiei behatzen zietenak. Bisitariek atalaseak zeharkatu behar zituzten, gizakien eta animalien bizitokien artean ibilita. Une batean, bazirudien pertsona zegoela kaiolan, eta oiloa, berriz, aske.

XVI

DOMUS

Garbizu Collar + Kri-ren *Limina*-ren arkitektura animalia bilakatzearen kontzeptuekin lotuta dago. Horretarako, gizakiaren eta ez-gizakiaren arteko mugak desegonkortzen ditu. Diseinua, aldiz, kategorien artean mugitu ahal izateko aukeran zentratuta, eta bestearekin, hau da, animaliarekin lotura afektibo edo materiala partekatzeko espazioak sortuta. Horrela, arkitekturak jendea gonbidatzen du izatearen hainbat modu esploratzera, eta aniztasuna sustatzen du. Giza salbuespenismoari eta antropozentrismoari aurre egiten dionez —giza eta ez-giza bizitzaren arteko hierarkia deseginez—, horrelako arkitektura batek izakiak identitate edo funtzioetan sailkatzen dituzten kontrol, hezte eta errepresentazio sistemak jartzen ditu zalantzan.

XVII

UMWELT

Limina-ren hasieran atari bat. Bisitariek gozoki bat ahoratzen dute, Chillida Lekun bizi den animaliaren

autóctona del País Vasco, con acceso controlado para los visitantes.

XV

CASA

En Chillida Leku, los arquitectos Garbizu Collar + Kri reimaginaron la tipología del gallinero y diseñaron un espacio que invierte las prácticas humanas convencionales de domesticación. Su arquitectura reconvirtió el museo en una casa para la Euskal Oiloa. Utilizando una estructura metálica ligera, el diseño contenía, limitaba y guiaba el movimiento humano. Se inspiraron en el concepto de Deleuze y Guattari de «devenir animal». En ocasiones eran las gallinas quienes observaban a las personas. El público se veía obligado a cruzar umbrales para pasar de la *domus* humana a la animal: con frecuencia se tenía la impresión de que las personas eran las enjauladas, mientras las gallinas transitaban con toda libertad.

XVI

DOMUS

La arquitectura de Garbizu Collar + Kri para *Limina* juega con la idea de devenir animal; para ello se propone desestabilizar las fronteras entre lo humano y lo no humano, centrando el diseño en la posibilidad de desplazarse entre categorías y crear espacios en que se puede entrar en una unión afectiva o material con la otra especie. Al hacerlo, la arquitectura invita a las personas a explorar formas plurales de existencia y fomenta la multiplicidad. Al rechazar el excepcionalismo humano y el antropocentrismo, y al disolver la jerarquía entre la vida humana y la no humana, esta arquitectura desafía los sistemas de control, domesticación y representación que encasillan a los seres en identidades o funciones fijas.

XVII

UMWELT

En la entrada de *Limina* hay un portal. Los visitantes ingieren un caramelo que les permite cruzar hacia

XV

HOUSE

At Chillida Leku, architects Garbizu Collar + Kri reimagined the typology of the chicken coop, designing a space that inverted conventional human practices of domestication. Their architecture rewilded the museum into a house for the Euskal Oiloa. Making use of a lightweight metal structure, the design contained, limited, and guided human movement. The architects drew inspiration from Deleuze and Guattari's concept of becoming animal. At times, it was the humans who were observed by the chickens. Visitors were made to cross thresholds, shifting between human and animal domus. It often seemed like the people were caged while the chickens roamed freely.

XVI

DOMUS

The architecture of *Limina* by Garbizu Collar + Kri engages deeply with ideas of becoming-animal. To do, it destabilises the boundaries between human and non-human, focusing instead on the possibility of movement between categories and the creation of spaces where shared affective or material assemblages can emerge between species. In doing so, architecture invites people to explore plural forms of being—it encourages multiplicity. By resisting human exceptionalism and anthropocentrism, and by dissolving the hierarchy between human and non-human life, such an architecture challenges systems of control, domestication, and representation that fix beings into identities or functions.

XVII

UMWELT

At the entrance to *Limina* stands a portal. Visitors are invited to eat a sweet that enables them to cross into the *umwelt*[9] of an animal living at Chillida Leku. Created by Fernando Cremades, the confection is inspired by the diets of local species, and by consuming it, visitors are invited to wander, experience, and

l'art, la science et l'architecture. Le jardin et la ferme du musée ont été transformés en habitat d'Euskal Oiloa, la race de poulet native du Pays basque, avec un accès contrôlé des personnes.

XV

MAISON

À Chillida Leku, les architectes Garbizu Collar + Kri ont repensé la typologie du poulailler et conçu un espace qui inverse les pratiques humaines de domestication. Leur architecture réensauvage le musée et le transforme en maison pour Euskal Oiloa. S'appuyant sur une structure métallique légère, la conception de l'espace confine, limite et guide les visiteurs. Elle s'inspire du concept du « devenir-animal » de Félix Guattari. Les poules observent parfois les humains. Les visiteurs sont obligés de passer des seuils, glissant en permanence entre abri humain et abri animal. Souvent, c'est le visiteur qui semble être en cage et la poule en liberté.

XVI

DOMUS

L'architecture de *Limina* de Garbizu Collar + Kri joue avec les idées du devenir-animal. Elle repousse les limites entre l'humain et le non-humain. La conception se concentre sur la possibilité de mouvement entre catégories et la création d'espaces où il est possible de pénétrer dans un ensemble matériel ou affectif partagé avec l'autre, c'est-à-dire l'animal. Ce faisant, l'architecture invite les visiteurs à explorer les formes plurielles de l'existence et encourage la multiplicité. En résistant à l'exceptionnalisme humain et à l'anthropocentrisme par la dissolution de la hiérarchie entre vie humaine et non humaine, ce type d'architecture remet en question les systèmes de contrôle, de domestication et de représentation qui fixent les êtres dans des identités ou des fonctions.

XVII

UMWELT

À l'entrée de *Limina* se trouve un portail. Les visiteurs doivent avaler un bonbon qui leur permet de

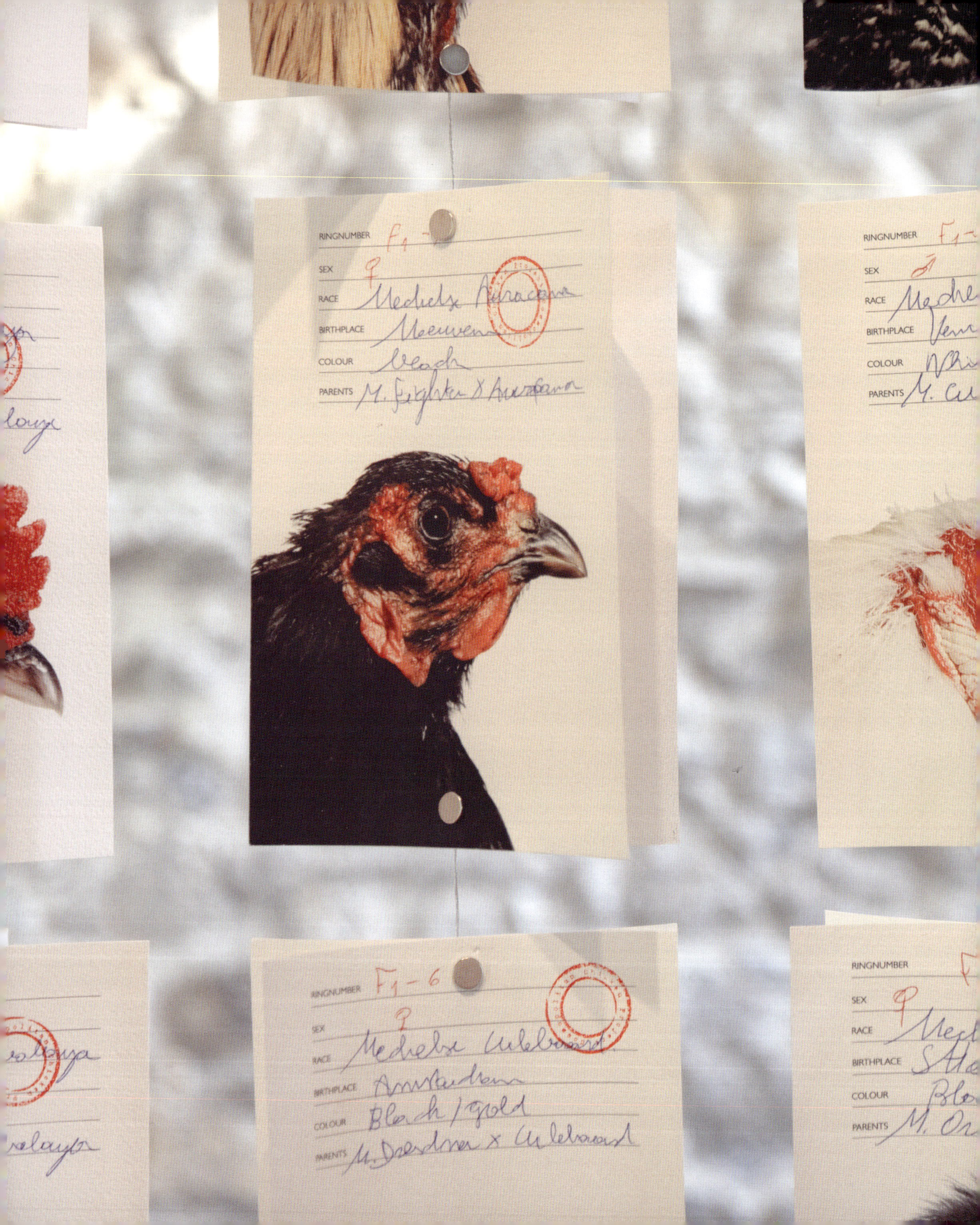
RINGNUMBER
SEX
RACE
BIRTHPLACE
COLOUR
PARENTS
RINGNUMBER F1-6
SEX
RACE
BIRTHPLACE Amsterdam
COLOUR Black / gold
PARENTS
RINGNUMBER
SEX
RACE
BIRTHPLACE
COLOUR
PARENTS

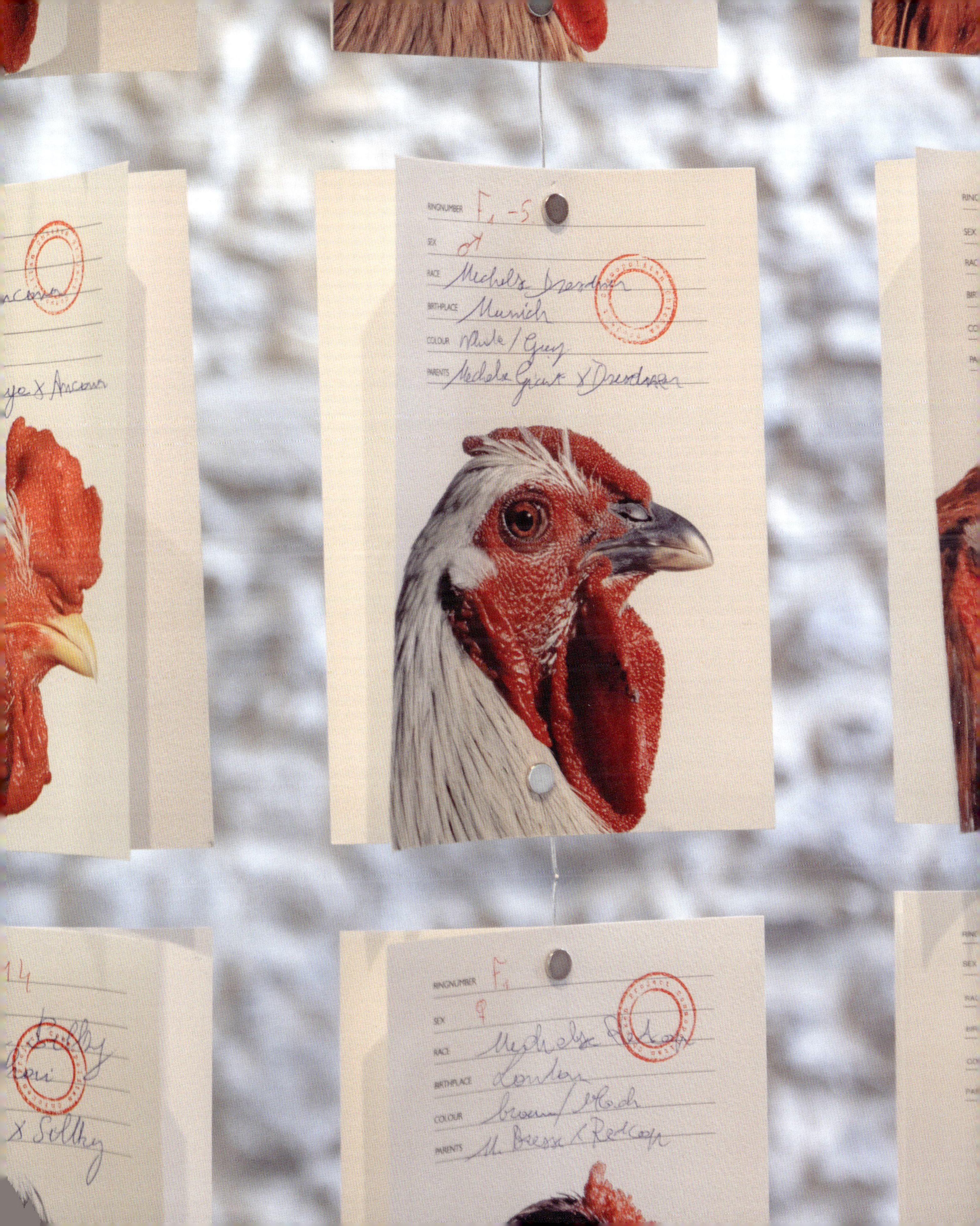
RINGNUMBER
SEX
RACE
BIRTHPLACE
COLOUR
PARENTS

baten *umwelt*-arekin[9] elkartrukatzea ahalbidetzen diena. Fernando Cremadesek sortuta, gozokia bertako espezieen dietan inspiratuta dago, eta horiek ahoratuta bisitariak gonbidatuta daude lekua animalia moduan ibiltzera, sentitzera eta birkonektatzera. Mundua nola hautematen da urtxintxa baten begiekin, azeri baten usaimenarekin edo erle baten hegaldiarekin? Cremades liluratu du Uexküllen adierazpenak, zeinak esaten baitu ez dagoela espezie guztiek partekatzen duten mundu bakarrik, baizik eta organismo bakoitza bere denborak eta espazio bereziak bizi dutela. Berak dioen bezala, "erleek, mariorratzek edo gure ondotxoan hegan dabiltzan euliek ez dute mundua gurekin partekatzen, ezta haien artean ere". Atariak horrelako munduak zeharkatzeko du balio.

[9] Jakob von Uexküllen *Umwelt* kontzeptuak organismo bakoitzak bizi eta hautematen duen mundu subjektiboari egiten dio erreferentzia, bere gaitasun sentsorial bereziek eta ingurunearekiko elkarrekintzek moldatuta. Giorgio Agamben, *The Open: Man and Animal*, Kevin Attellek itzulia, Berkeley: Stanford University Press, 2004, 39-40. orr.

XVIII

BEGIRADA

"Jakitea pertsonifikatzea da, ezagutu beharreko haren ikuspuntua hartzea", idatzi du Eduardo Viveiros de Castrok.[10] Idazleari dagokio enpatiaren eta irudimenaren bidez "animaliaren gorputzean sartzea", idatzi du Maria Esther Macielek.[11] Norbaitek bestearen begirada har dezake edo beste gorputz batean sartu?

[10] Viveiros de Castro, *Metafísicas Canibais*, São Paulo: Cosac Naify, 2015.
[11] Maria Esther Maciel, Animalidades, Animalidades: *Zooliteratura e os limites do humano.* São Paulo: Instante, 2023.

XIX

IRUDIMENA

XVIII. mendeko etxe-ingurunea emakumeen adierazpen indibidualaren espazioa da, non kultura gauzatzen den eta eragina sortzen den. Ingurune naturalekiko, animalia exotikoekiko eta landareekiko lilura helarazi egiten da artefaktu, oroigarri, artisautza eta, azken finean, barruko dekorazio eta eszenatokietara, irudimen-ekintzen bidez. Parmintertarrek eta Montaguk beren begirada indibiduala eraiki zuten mundu

el *umwelt*[9] de un animal que habita en Chillida Leku. Fernando Cremades creó este caramelo inspirándose en la dieta de las especies locales: al consumirlo, el visitante es invitado a deambular, experimentar y reconectarse con el lugar como lo harían los demás animales. ¿Cómo se ve el mundo por los ojos de una ardilla, el olfato de un zorro o el vuelo de una abeja? Cremades se siente fascinado por la propuesta de Uexküll: no existe un mundo único compartido por todas las especies, sino que cada organismo habita su propio tiempo y espacio. En sus palabras, «La abeja, la libélula o la mosca que vuelan junto a nosotros no comparten nuestro mundo, ni siquiera un mismo mundo entre sí». El portal es una invitación a cruzar entre esos mundos.

[9] La noción de *Umwelt* de Jakob von Uexküll se refiere al mundo subjetivo que cada organismo habita y percibe, moldeado por sus particulares capacidades sensoriales e interacciones con el entorno. Giorgio Agamben, *The Open: Man and Animal*, trad. de Kevin Attell. Berkeley: Stanford University Press, 2004, pp. 39-40.

XVIII

MIRADA

«Conocer es personificar, tomar el punto de vista de aquellos que deben ser conocidos», escribe Eduardo Viveiros de Castro.[10] Depende del escritor «entrar en el cuerpo del animal» a través de la empatía y la imaginación, dice Maria Esther Maciel.[11] ¿Es posible adoptar realmente la mirada del otro o habitar otro cuerpo?

[10] Eduardo Viveiros de Castro: *Metafísicas Canibais.* São Paulo: Cosac Naify, 2015.
[11] Maria Esther Maciel: Animalidades: *Zooliteratura e os limites do humano.* São Paulo: Instante, 2023.

XIX

IMAGINACIÓN

En el siglo XVIII, el entorno doméstico era un espacio de expresión personal de las mujeres, donde se representa la cultura y se genera influencia. La fascinación por los entornos naturales, los animales exóticos y la vegetación se traduce en objetos, recuerdos, artesanías y, en última instancia, decorados interiores, ambientaciones y mundos imaginarios. Las Parminter y Montagu construyeron su mirada personal a través de actos de transformación del mundo material. Su legado radica

reconnect with the place in an animal-like way. How is the world perceived through the eyes of a squirrel, the scent of a fox, or the flight of a bee? Cremades is fascinated by Uexküll's proposition that there is no single world shared by all species, but rather that each organism inhabits its own unique time and space. As he explains, 'The bee, the dragonfly, or the fly flying beside us do not share our world, nor even the same world among themselves.' The portal exists to cross between such worlds.

[9] Jakob von Uexküll's notion of Umwelt refers to the subjective world each organism inhabits and perceives, shaped by its unique sensorial capacities and interactions with the environment. Giorgio Agamben, *The Open: Man and Animal*, trans. Kevin Attell. Berkeley: Stanford University Press, 2004, pp. 39-40.

XVIII

GAZE

'To know is to personify, to take the point of view of that which is to be known,' writes Eduardo Viveiros de Castro.[10] It is up to the writer to 'enter into the body of the animal' through empathy and imagination, notes Maria Esther Maciel.[11] Can one ever truly take the gaze of the other or enter another body?

[10] Eduardo Viveiros de Castro: *Metafísicas Canibais*. São Paulo: Cosac Naify, 2015.
[11] Maria Esther Maciel: *Animalidades: Zooliteratura e os limites do humano*. São Paulo: Instante, 2023.

XIX

IMAGINATION

In the eighteenth century, the domestic setting was a space of female individuality and expression—a site where culture was performed and influence was generated. The fascination with natural settings, exotic animals, and plants was translated into artifacts, keepsakes, and crafts, and ultimately interior décors, settings, and imaginative worlds. The Parminters and Montagu constructed their individual gaze through acts of transforming the material world. Their legacy lies in re-signifying creativity as a form of relationship with nature.

traverser l'*umwelt*[9] d'un animal vivant à Chillida Leku. Créé par Fernando Cremades, le bonbon est inspiré de l'alimentation d'espèces locales et, par son ingestion, les visiteurs sont invités à déambuler dans l'espace, à en faire l'expérience et à s'y reconnecter tel un animal. Comment le monde est-il perçu par les yeux d'un écureuil, par le flaire d'un renard, par le vol d'une abeille ? Cremades est fasciné par la proposition d'Uexküll selon laquelle il n'existe pas qu'un seul monde partagé par toutes les espèces, mais que chaque organisme habite son propre espace et son propre temps: « L'abeille, la libellule ou la mouche qui volent à nos côtés ne partagent pas notre monde, ni même un monde entre elles ». Le portail est fait pour traverser ces mondes.

[9] La notion d'Umwelt chez Jakob von Uexküll renvoie au monde subjectif que chaque organisme habite et perçoit, façonné par ses capacités sensorielles propres et par ses interactions avec l'environnement. Giorgio Agamben, *The Open: Man and Animal*, trad. Kevin Attell. Berkeley : Stanford University Press, 2004, p. 39-40.

XVIII

REGARD

« Connaître, c'est personnifier, adopter le point de vue de ce qui doit être connu », écrit Eduardo Viveiros de Castro.[10] C'est à l'écrivain « d'entrer dans le corps de l'animal » par l'empathie et l'imagination, affirme Maria Esther Maciel.[11] Peut-on jamais prendre le regard de l'autre et entrer dans un autre corps ?

[10] Eduardo Viveiros de Castro : *Metafísicas Canibais*. São Paulo : Cosac Naify, 2015.
[11] Maria Esther Maciel : *Animalidades: Zooliteratura e os limites do humano*. São Paulo : Instante, 2023.

XIX

IMAGINATION

La sphère domestique dans les années 1700 est un espace d'expression féminine individuelle, où la culture s'exerce et génère de l'influence. La fascination pour les environnements naturels, les animaux et les plantes exotiques se traduit par des artefacts, des objets souvenirs, des objets artisanaux et, finalement, des décorations intérieures, des scènes et des scénarios à travers des actes d'imagination. Les Parminter et Montagu ont construit leur regard individuel par la transformation

materialaren eraldatzearen bitartez. Sormena naturarekiko erlazioan berradieraztean datza haien ondarea.

XX

ERROMANTIZISMOA

Montaguren eta Parminter lehengusuen gizarteak ezagutu ahal izan zuen natura eta beste kultura batzuk hautemateko modua berrikusiko zuen mugimendu kulturalaren hasiera. Arte, musika eta literatur mugimendu bat izan zen, emozioa, irudimena eta natura arrazoiaren eta ordenaren gainetik nabarmentzen zituena. Sentimenduetan arreta jartzea, naturara itzultzea eta esperientzia indibidualaren goraipatzea izan ziren eraldaketa kultural honen ezaugarriak. Gerora garai erromantikoa deituko zitzaion.

XXI

INTERSPECIES

2025ean *interspecies*-aren ideia bat iradoki nuen, arkitekturan eta diseinuan handituz ikusi dudan praktika mota berri bat, niretzat espiritu erromantikoa gogorarazten duen kultur mugimendua, baina gaur egungo garaian kokatuta dagoena, filosofia posthumanistak, errealismo kapitalistak eta krisi klimatikoaren testuinguru atzeraezinak markatuta. Hiru ideia nagusirekin lotutako espezieen arteko praktika bat proposatu nuen: hurbiltzea, elkarrekin bizitzea eta konspiratzea. Formulazio honekin, proiektu moderno, bere masa-ekoizpen eta aurrerapen unibertsalaren logikaren gaineko ikuspegi kritikoa planteatu nahi nuen. Aldi berean, narrazio honek isilarazten dituen alternatibak agerian utzi ere bai, ezagutzaren zatiketa entziklopedikoaren aurreko munduaren ikuspegiak berreskuratuz eta tipologiak baino harremanak lehenetsiz.

XXII

KONPLIZITATEA

Interspecies-ek espiritu erromantikoa dakar gogora, subjektibotasuna eta irudimena goraipatzen dituen neurrian, bai eta ezagutza poetiko, artistiko eta filosofikoa ezagutza zientifiko eta teknikoarekin batera

en la resignificación de la creatividad como una forma de relación con la naturaleza.

XX

ROMANTICISMO

La sociedad en la que vivieron Montagu y las Parminter presenció el comienzo de un movimiento cultural que iba a transformar el modo de percibir la naturaleza y las otras culturas. Se trataba de una corriente artística, musical y literaria que privilegiaba la emoción, la imaginación y la naturaleza por encima de la razón y el orden. El protagonismo de los sentimientos, el retorno a la naturaleza y la exaltación de la experiencia individual fueron rasgos distintivos de esta transformación cultural, que más adelante sería conocida como el romanticismo.

XXI

INTERESPECIE

En 2025 propuse la idea de la «interespecie»: una nueva perspectiva incipiente en la arquitectura y el diseño, un movimiento cultural que para mí evocaba el espíritu romántico, pero, al mismo tiempo, firmemente enclavada en un presente marcado por la filosofía poshumanista, el realismo capitalista y el inexorable telón de fondo de la crisis climática. Propuse que esta práctica de la interespecie se articula en torno a tres ejes: acercarse, cohabitar y conspirar. Con esta formulación buscaba esbozar una visión crítica del proyecto moderno y su lógica de producción en masa y progreso universalista. Al mismo tiempo, buscaba revelar alternativas silenciadas por esta narrativa, rescatando visiones del mundo anteriores a la división enciclopédica del saber y privilegiando las relaciones por encima de las tipologías.

XXII

COMPLICIDAD

La interespecie evoca el espíritu romántico en tanto en cuanto celebra la subjetividad y la imaginación, y valora el conocimiento poético, artístico y filosófico

XX

ROMANTICISM

The society in which Montagu and the Parminters lived witnessed the beginnings of a cultural movement that would transform the way nature and other cultures were perceived. This movement in art, music, and literature placed emotion, imagination, and nature above reason and order. A focus on feelings, a return to nature, and the exaltation of individual experience were characteristic of this cultural transformation. This was later known as the Romantic period.

XXI

INTERSPECIES

In 2025, I curated an exhibition that put forward the idea of *interspecies*, a new kind of practice that I saw emerging in architecture and design, which for me evoked the Romantic spirit, yet was firmly situated in the present time, marked by posthumanist philosophy, capitalist realism, and the inescapable backdrop of climate crisis. I proposed that an interspecies practice engages with three key ideas: to approach, to cohabit, and to conspire. With this formulation I sought to draw a critical perspective on the modern project and its logic of mass production and universalist progress, while also revealing alternatives silenced by this narrative, recovering worldviews that pre-date the encyclopaedic division of knowledge and privileging relationships over typologies.

XXII

COMPLICITY

Interspecies evokes the Romantic spirit insofar as it celebrates subjectivity and imagination, valuing poetic, artistic, and philosophical knowledge alongside scientific and technical knowledge. It places this spirit in the present time. It thus no longer proposes an appreciation of nature from a distance, but rather complicity and camaraderie from within, in a position of interdependence and reciprocity.

du monde matériel. Leur héritage réside dans la resignification de la créativité en lien avec la nature.

XX

ROMANTISME

La société dans laquelle Montagu et les Parminter vivent est témoin de la naissance d'un mouvement culturel qui réinvente la manière de percevoir la nature et les autres cultures. Regroupant art, musique et littérature, ce mouvement privilégie l'émotion, l'imagination et la nature, plutôt que l'ordre et la raison. Ce tournant culturel se concentre sur les sentiments, un retour à la nature et l'exaltation de l'expérience individuelle. C'est ce que l'on appellera plus tard le romantisme.

XXI

INTERESPÈCE

En 2025, j'ai transmis l'idée d'*interespèce*, une nouvelle pratique émergente dans l'architecture et le design, un mouvement culturel qui me rappelait l'esprit romantique, mais fermement ancrée dans le présent, marquée par une philosophie posthumaniste, un réalisme capitaliste et un contexte de crise climatique irrévocable. J'ai proposé une pratique interespèce reposant sur trois idées principales : approcher, cohabiter et conspirer. Avec cette formule, je souhaitais d'une part, adopter un point de vue critique sur le projet moderne et sa logique de production de masse et de progrès universaliste, de l'autre, dévoiler les autres possibilités réduites au silence par ce récit, reprendre des visions du monde antérieures à la division encyclopédique de la connaissance et privilégier les relations plutôt que les typologies.

XXII

COMPLICITÉ

Le concept d'*interespèce* évoque l'esprit romantique dans la mesure où il met en valeur la subjectivité et l'imagination et valorise les connaissances poétiques, artistiques et philosophiques autant que les connaissances scientifiques et techniques. Il place cet esprit au cœur du présent. Il ne propose donc plus une appréciation

baloratu ere egiten duen heinean. Espiritu hori gaur egungo garaira ekartzen du. Beraz, jada ez du naturaren estimua urrunetik proposatzen, baizik eta konplizitatea eta lagunartea barrutik, interdependentzia eta elkarrekikotasun posizioan.

XXIII

LEHENENGOA

Interspecies-aren lehenengo axioma hurbiltze mugimendua da, mundua beste ikuspegi batzuetatik nola ikusi aztertzen duena. Bestetasunaren ariketa bat, giza ikuspegia deszentratzeko eta pertzepzioaren mugak zabaltzeko.

XXIV

BIGARRENA

Bigarrena bizikidetzaren ideiari dagokio, non arkitekturak ekosistemak entzuten, kontserbatu eta hobetzen dituen. Posthumanismo edo bioerregionalismo korronteetan inspiratuta, besteak beste, arkitektura hauek logika unibertsalak bazter uzten dituzte tokian tokiko testuinguruei erantzuteko, giza beharren gainetik.

XXV

HIRUGARRENA

Interspecies-en hirugarren axiomak lurraldea negoziazio-eremu partekatu gisa ikusten du, eta ez jabetu beharreko zerbait gisa. Arkitekturak bizikidetzaren alde egiten du, ekosistemak legezko subjektu gisa aitortzen dituen legediaren babesarekin.

XXVI

BARRUALDEA

A La Ronde-ren barnealdea mundu naturalarekiko liluratik sortu zen. Vesuvio eta Ponpeiako induskketatik itzulita, lehengusuek beren etxea bitxikerien kabinete bihurtu zuten. Lumak bildu zituzten beren lurraldetik, baita urrunagoko beste leku batzuetatik ere, jakin-minak eta harridurak hartaratuta, eta forma

junto al conocimiento científico y técnico. Sitúa este espíritu en el momento actual. Así, ya no propone la apreciación de la naturaleza desde la distancia, sino más bien la complicidad y la camaradería desde dentro, desde una posición de interdependencia y reciprocidad.

XXIII

PRIMERO

El primer axioma de la interespecie es un movimiento de aproximación, que aborda la pregunta de cómo ver el mundo desde otras perspectivas. Un ejercicio de alteridad, de descentramiento de la perspectiva humana y expansión de los límites de la percepción.

XXIV

SEGUNDO

La segunda aborda una idea de cohabitación en la que la arquitectura escucha, preserva y potencia los ecosistemas. Inspiradas en corrientes como el poshumanismo y el biorregionalismo, estas arquitecturas rechazan las lógicas universales para responder a los contextos locales y a necesidades más allá de lo humano.

XXV

TERCERO

El tercer axioma de la interespecie concibe el territorio no como algo susceptible de ser poseído, sino más bien como un espacio compartido de negociación. La arquitectura rema en favor de la coexistencia, respaldada por una legislación que reconoce a los ecosistemas como sujetos de derecho.

XXVI

INTERIOR

Los espacios interiores de *A La Ronde* se crearon desde una posición de fascinación por el mundo natural. Tras visitar el Vesubio y las excavaciones de Pompeya, las primas convirtieron su casa en un gabinete de curiosidades. Recogían plumas de su finca y de otros sitios más

XXIII

FIRST

The first axiom of interspecies is a movement of approximation: an engagement with the question of how to see the world from other perspectives. An exercise in otherness—in decentring the human perspective and expanding the limits of perception.

XXIV

SECOND

The second axiom concerns an idea of cohabitation in which architecture listens to, preserves, and enhances ecosystems. Inspired by movements such as post-humanism and bioregionalism, these architectures reject universal logics in order to respond to local contexts and more-than-human needs.

XXV

THIRD

The third axiom of interspecies conceives territory as a shared field of negotiation rather than something to be possessed. Architecture works towards coexistence, supported by legislation that recognises ecosystems as legal subjects.

XXVI

INTERIOR

The interior of *A La Ronde* was created from a position of fascination with the natural world. Returning from the sights of Vesuvius and the excavations at Pompei, the cousins transformed their home into a cabinet of curiosities. They collected feathers from their estate as well as more distant places, moved by curiosity and wonder, and recomposed them into new forms. The feathered friezes are indexical yet poetic: they follow geometric rules yet decay with time. The organic shape of the feathers doesn't quite trace the perfect pattern of circles and lines, but their organised display reveals an abstracted form of beauty: each

distante de la nature, mais une complicité et une camaraderie provenant de l'intérieur, une position d'interdépendance et de réciprocité.

XXIII

PREMIER

Le premier axiome du concept d'interespèce est un mouvement d'approche, qui aborde la question de savoir comment voir le monde sous d'autres points de vue. Un exercice d'altérité : un décentrement de la perspective humaine et une expansion des limites de la perception.

XXIV

DEUXIÈME

Le deuxième axiome concerne une idée de cohabitation où l'architecture est à l'écoute des écosystèmes, les préserve et les valorise. Inspirées par des courants tels que le posthumanisme et le biorégionalisme, ces architectures rejettent la logique universelle afin de répondre à des contextes locaux et à des besoins qui ne sont pas que humains.

XXV

TROISIÈME

Le troisième axiome du concept d'interespèce considère le territoire comme un champ partagé de négociation plutôt qu'une possession. L'architecture travaille à la coexistence, soutenue par une législation qui reconnaît les écosystèmes en tant que sujets de droit.

XXVI

INTÉRIEUR

L'espace intérieur d'*A La Ronde* a été créé à partir d'une position de fascination par rapport au monde naturel. Après avoir découvert le Vésuve et les fouilles de Pompéi, les cousines transforment leur maison en cabinet de curiosité. Elles collectent des plumes provenant de leur propriété et d'ailleurs lointains, dans un esprit

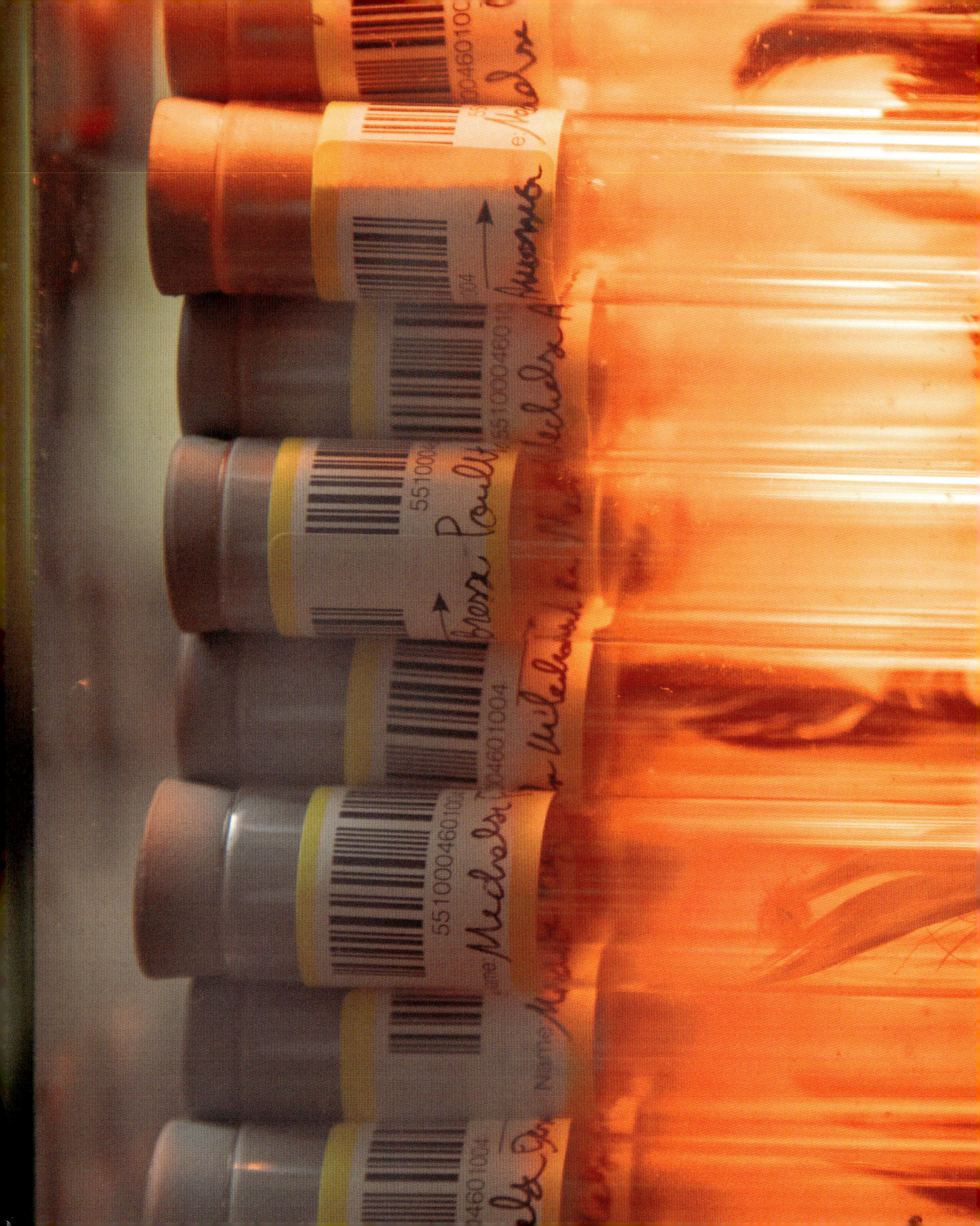

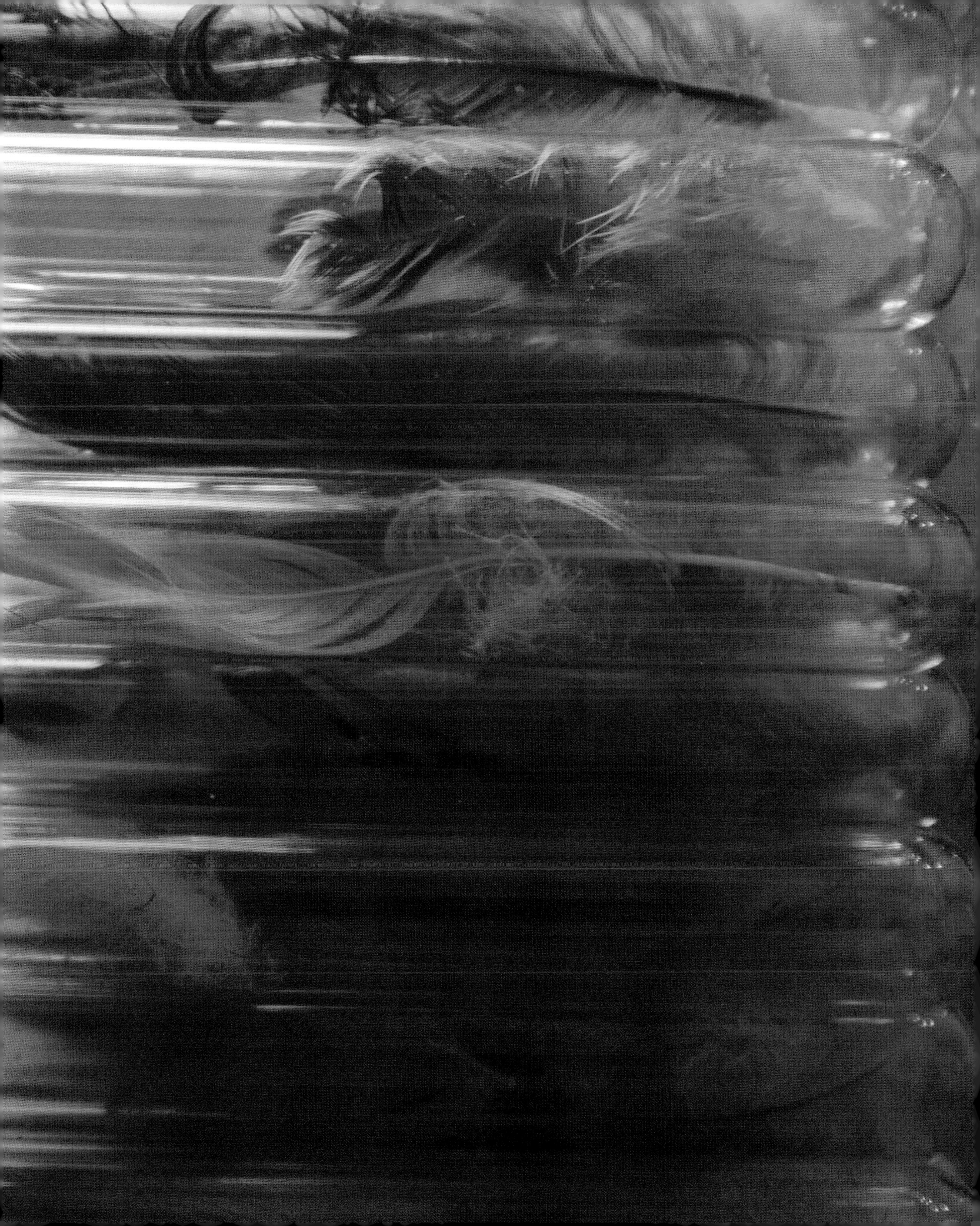

berrietan birkonposatu zituzten. Lumadun frisoak deiktikoak baina poetikoak dira, arau geometrikoari men egiten diote, baina usteldu egiten dira. Lumen forma organikoak ez du zirkulu eta lerroen eredu perfektua marrazten, baina haiek antolatuta erakusteak berak edertasun abstrakturen bat erakusten du: luma bakoitza erlikia bat da, berezko kolore eta diseinuez hornitua, jatorri propioa duena.

XXVII

MUGAKO

Barruko dekorazioa den heinean, lumadun frisoek espazio mugako bat hartzen dute, non zientziaren sailkapen sistemak arte bisualen eta arkitekturaren arrazoibide estetikoarekin konbinatzen diren. Bilduma den heinean, berriz, kanpoko mundu naturala etxearen barrualdera mugiarazten dute. Maskorren galerian bezala, hemen ere etxeko barne-espazio batek kanpoko mundu naturala gogorarazten du. Apaintze horietatik mugako izaera bat sortzen da, non diziplinak oraindik finkatu gabe baitaude, eta, beraz, ohikoa baita artea eta zientzia, irudimena eta historia, natura eta kultura, barrualdea eta kanpoaldea uztartzea. XVIII. mendeko barne-arkitekturak kosmosari deia egiten dio, bere ezagutza eta mirari ugaritara joz, hala hurbileko nola urruneko.

XXVIII

KOSMOPOLITA

Kobazuloetatik hasi eta maskorren galeria edo lumadun paneletaraino, garai erromantikoko arkitektura inspiratu zuen espiritu kosmopolita sarbidearekin dago lotuta: antzinako eta urruneko gizarteetako artefaktuetatik indusketa arkeologikoetara, fenomeno naturalak irudikatzeko eta neurtzeko tresna berrietaraino. Pribilegio eta nagusitasun posizio batetik eraikia da horrelako kultura kosmopolita bat.

XXIX

BAZTERREKO

Hala ere, etxearen barne-espazioa txikitzat edo bazterrekotzat jotzen diren praktiken kokagunea izaten

alejados llevadas de un ánimo de curiosidad y asombro, y las recomponían con nuevas formas. Los frisos de plumas son indiciales pero también poéticos: obedecen a reglas geométricas, pero se deterioran con el tiempo. La forma orgánica de las plumas no dibuja un motivo geométrico de círculos y líneas, pero su disposición organizada revela una forma abstracta de belleza: cada pluma es un vestigio, con su propio color y diseño, su propio origen.

XXVII

UMBRAL

Como decoración de interiores, los frisos de plumería ocupan un espacio liminar que combina los sistemas taxonómicos de la ciencia con el razonamiento estético de las artes visuales y la arquitectura. Como colección, atraen la naturaleza exterior hacia el interior de la casa. Al igual que en la galería de conchas, también aquí el espacio doméstico trae el eco del mundo natural de fuera. De estas decoraciones emerge una cualidad liminar, en la que las disciplinas aún no están delimitadas y nos resulta familiar movernos entre el arte y la ciencia, la imaginación y la historia, la naturaleza y la cultura, el interior y el exterior. El cosmos queda invocado por la arquitectura interior del siglo XVIII, que recurre a sus múltiples saberes y maravillas, tanto cercanos como remotos.

XXVIII

COSMOPOLITA

El ideal cosmopolita que informó la arquitectura del romanticismo —desde las grutas hasta las galerías de conchas, pasando por los paneles plumarios— estaba vinculado al acceso: desde los objetos de culturas arcanas y remotas en los yacimientos arqueológicos, hasta los nuevos instrumentos para representar y medir los fenómenos naturales. La posición que construyó esta cultura cosmopolita era una atalaya de privilegio y dominación.

XXIX

MARGINAL

Pero el espacio doméstico era también escenario de costumbres consideradas menores o marginales, que

feather is a relic, with its own colour and design, its own provenance.

XXVII

LIMINAL

As interior décor, the feathered friezes occupy a liminal space where the classification systems of science combine with aesthetic reasoning of visual arts and architecture. As a collection they draw the natural world outside into the interior of the house. Like in the shell gallery, here too an interior domestic space evokes exterior natural worlds. A liminal quality emerges from these décors, where disciplines are not yet fixed, and it is therefore usual to move between art and science, imagination and history, nature and culture, interior and exterior. The cosmos is summoned by the eighteenth-century interior architecture, calling upon its many knowledges and wonders—both near and far.

XXVIII

COSMOPOLITAN

The cosmopolitan spirit that inspired the architecture of the Romantic period, from grottoes to shell galleries and feathered panels, was connected with access: from artefacts of ancient and distant societies unearthed through archaeological excavations to new tools for imaging and measuring natural phenomena. It was from a position of privilege and domination that such a cosmopolitan culture was constructed.

XXIX

MARGINAL

Yet, the interior of the house was also the site of practices considered minor or marginal, which often didn't make it into the history of architecture—décors and interiors designed by female authors. The fragility of their materials, such as the feathered works, only accentuates this absence. Today, seen through feminist, decolonial, and posthuman lenses, such practices reveal complex, troubled, imperfect, and problematic relations of power, class, and exploitation—alongside

de curiosité et d'émerveillement, et les réagencent de façon à créer de nouvelles formes. Les frises de plumes sont indicielles mais poétiques, elles obéissent aux règles de la géométrie mais se putréfient. La forme organique des plumes ne dessine pas un motif parfait de cercles et de lignes, mais leur organisation révèle une forme abstraite de beauté : chaque plume est une relique, avec sa couleur et sa forme particulières, sa provenance propre.

XXVII

LIMINAL

En tant que décor intérieur, les frises de plumes occupent un espace liminal dans lequel les systèmes de classification scientifiques s'unissent à la logique esthétique des arts visuels et de l'architecture. En tant que collection, elles introduisent le monde naturel extérieur à l'intérieur de la maison. À l'instar de la Galerie des coquillages, cet espace domestique intérieur évoque les mondes naturels extérieurs. Un aspect liminal émerge de ces décors, dans lesquels les disciplines ne sont pas encore établies, et qui oscillent par conséquent entre art et science, imagination et histoire, nature et culture, intérieur et extérieur. L'architecture d'intérieur des années 1700 invoque le cosmos et fait appel à ses multiples connaissances et merveilles, proches et lointaines

XXVIII

COSMOPOLITE

L'esprit cosmopolite qui a inspiré l'architecture de la période romantique, des grottes aux galeries de coquillages et panneaux de plumes, est lié à l'accès : des artefacts d'anciennes et lointaines sociétés aux nouveaux outils permettant d'imaginer et de mesurer les phénomènes naturels en passant par les sites de fouilles archéologiques. Une telle culture cosmopolite se construit à partir d'une position de privilège et de domination.

XXIX

MARGINAL

Cependant, l'espace intérieur de la maison abrite des pratiques considérées comme mineures ou marginales,

da, arkitekturaren historian maiz tokirik ez duten horientzat: emakumezko egileek diseinatutako apainketa eta barnealdeak. Euskarriaren hauskortasunak, luma-lanen kasuan, hori nabarmendu besterik ez du egiten. Gaur egun, ikuspegi feminista, deskolonial eta postgizatiarren argitan, praktika horiek botere, klase eta ustiaketaren arteko harreman konplexuak, nahasiak, inperfektuak eta problematikoak agerrarazten dituzte, narratiba itxaropentsu, sentikor, irudimentsu eta emantzipatzaileekin batera. Espiritu erromantiko feministaren konfigurazio kritiko batek zer utz lezake agerian?

XXX

ZU

Gonbidatu nahi zaitut, irakurle hori, XVIII. mendetik zure kontzientziara ekarri ditudan barne-apainketek pribilegiotik eta bazterkeriatik, esperimentaletik eta ustiatzailetik zer duten gogoeta egitera. *Limina*-ren hazkuntza-balentrian murgildu eta Garbizu Collar + Kri-ren lumadun arkitekturak zeharkatzen dituzun bitartean, Chillida Leku museoan, orain, 2025. urtean. Ideia horiek kontuan hartuta, alderdi bat azkarregi ez aukeratzeko eskatzen dizut, eta, horren ordez, une batez gelditzeko hemen, atakan, erdibidean. Azter ezazu erromantizismo berri baten aukera.

muchas veces no se incluyen siquiera en la historia de la arquitectura: decoraciones e interiores diseñados por autoras. La fragilidad de sus materiales, como la plumería, no hace más que acentuar esta omisión. Hoy, desde las perspectivas feministas, decoloniales y poshumanista, estas prácticas revelan relaciones complejas, turbulentas, imperfectas y problemáticas de poder, clases y explotación, junto con narrativas esperanzadoras, sensibles, imaginativas y emancipadoras. ¿Qué podría revelar una reconfiguración crítica del espíritu romántico feminista?

XXX

TÚ

Me gustaría invitarte a considerar conjuntamente tanto los aspectos privilegiados como los marginales, los experimentales y los explotadores de los interiores del siglo XVIII, sobre las que he llamado tu atención aquí. Hazlo mientras te adentras en el aventurerismo reproductivo de *Limina* y atraviesas las arquitecturas emplumadas de Garbizu Collar + Kri en el museo Chillida Leku, aquí y ahora, en el año 2025. Teniendo presentes estas ideas, te pido que no elijas bando con rapidez, sino que te quedes aquí un momento, en la tensión, en el espacio intermedio. Considera la posibilidad de un nuevo romanticismo.

hopeful, sensitive, imaginative, and emancipatory narratives. What might a critical reconfiguration of the feminist Romantic spirit reveal?

XXX

YOU

I would like to invite you, the reader, to hold together both the privileged and the marginal, the experimental and the exploitative dimensions of the eighteenth-century interiors I have brought to your attention. To do so as you step into the breeding adventurism of *Limina* and cross the feathered architectures of Garbizu Collar + Kri at the Chillida Leku Museum, here and now, in the year 2025. As you keep these ideas in mind, I ask that you do not choose a side too quickly, but remain here for a moment—in this tension, in this in-between. Consider the possibility of a new Romanticism.

souvent oubliées par l'histoire de l'architecture : des décors et des intérieurs conçus par des femmes. La fragilité du média, dans le cas des œuvres en plumes, ne fait que renforcer cette marginalité. Aujourd'hui, d'un point de vue féministe, décolonial et posthumain, de telles pratiques témoignent de relations complexes, conflictuelles, imparfaites et problématiques de pouvoir, de classe et d'exploitation ainsi que de récits optimistes, sensibles, imaginatifs et émancipateurs. Que pourrait révéler une configuration critique de l'esprit romantique féministe ?

XXX

VOUS

Je tiens à vous inviter, vous, lecteur, à réfléchir là, maintenant, à l'aspect privilégié et marginal, expérimental et exploiteur des décors intérieurs datant des années 1700 que je viens de vous présenter. Pour ce faire, plongez dans l'aventureux projet de reproduction de *Limina* et dans l'architecture à plumes de Garbizu Collar + Kri au musée Chillida Leku, aujourd'hui, en 2025. Gardez ces idées en tête et ne choisissez pas trop vite votre camp, restez là un moment, dans le trouble, dans cet entre-deux. Envisagez la possibilité d'un nouveau romantisme.

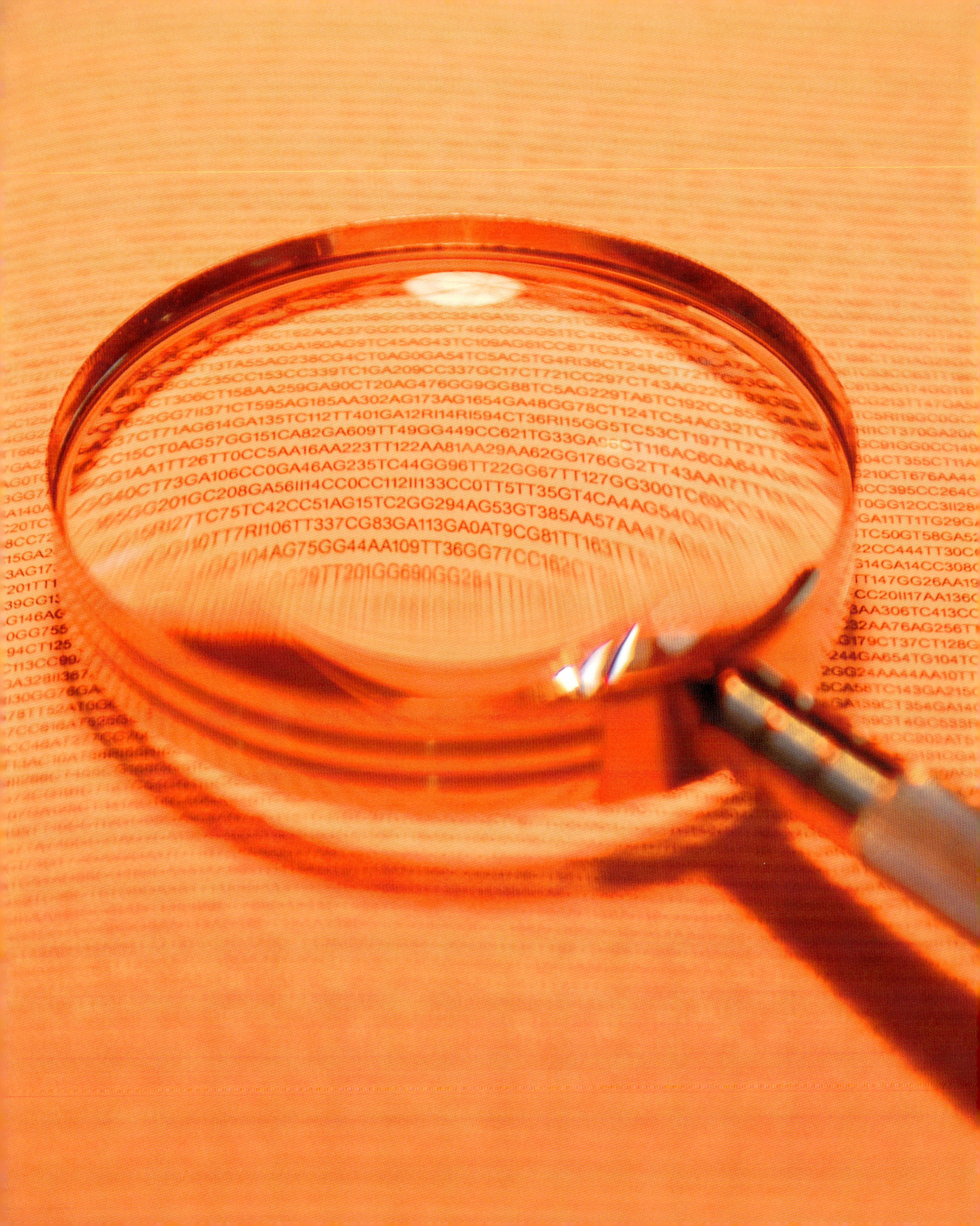

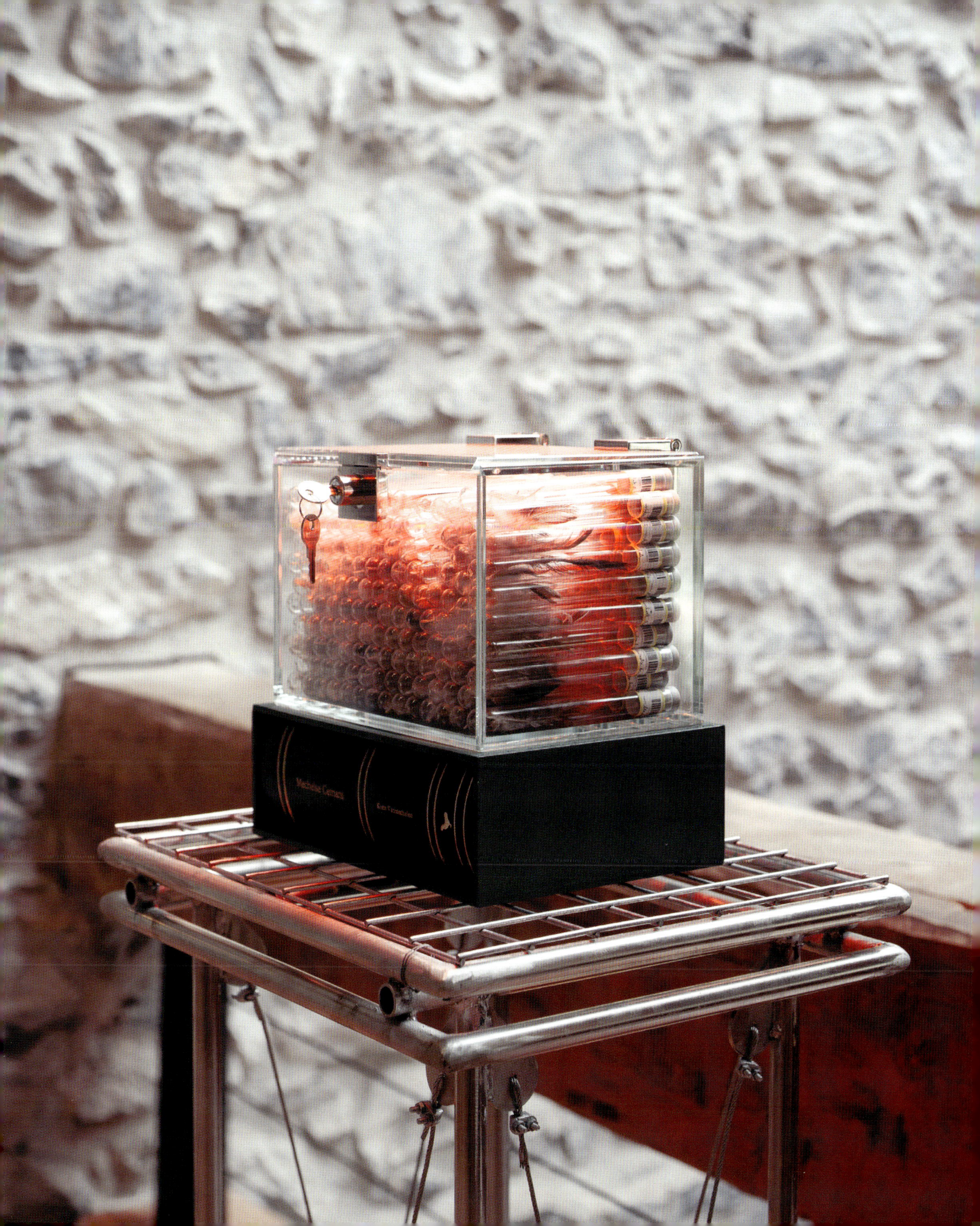

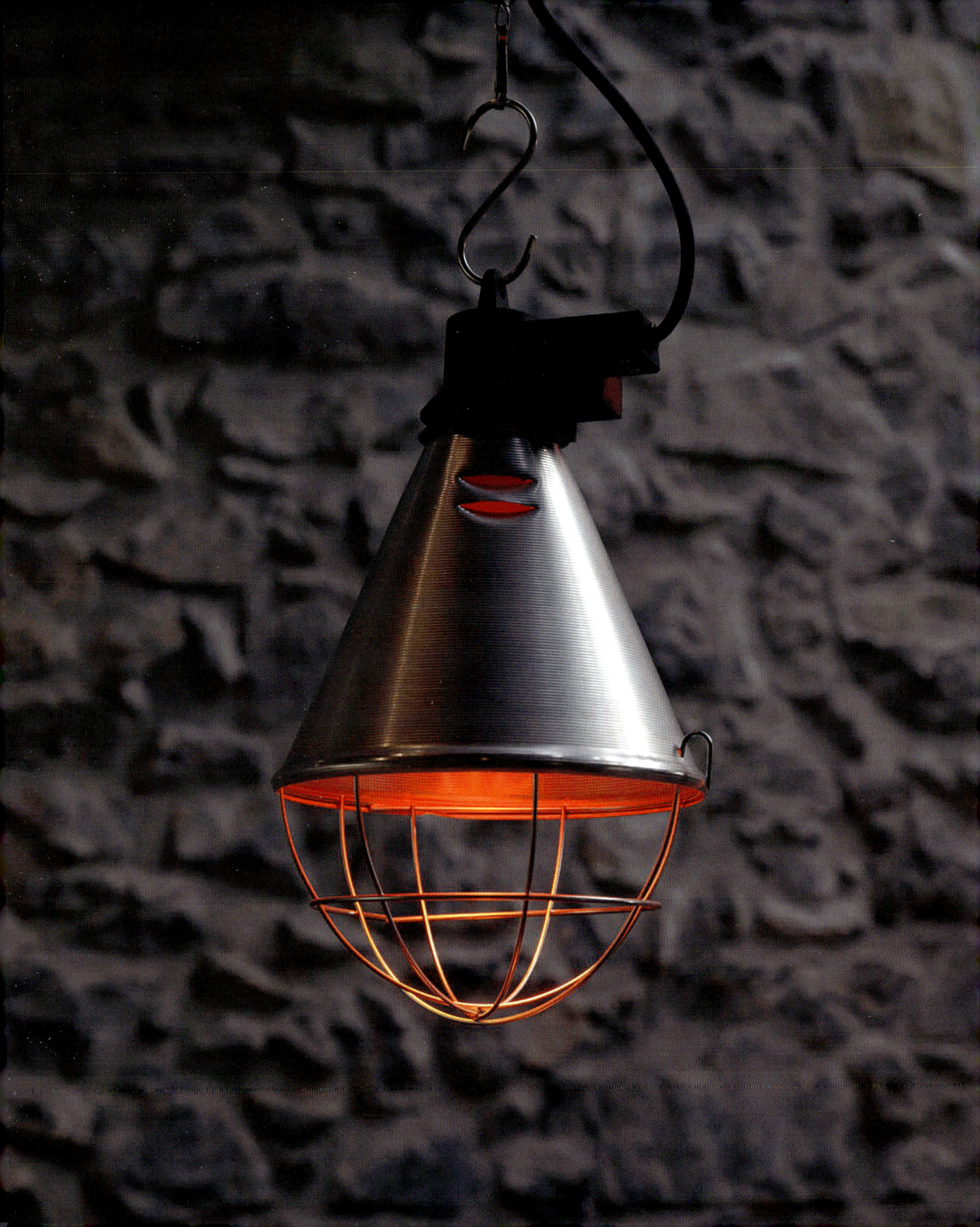

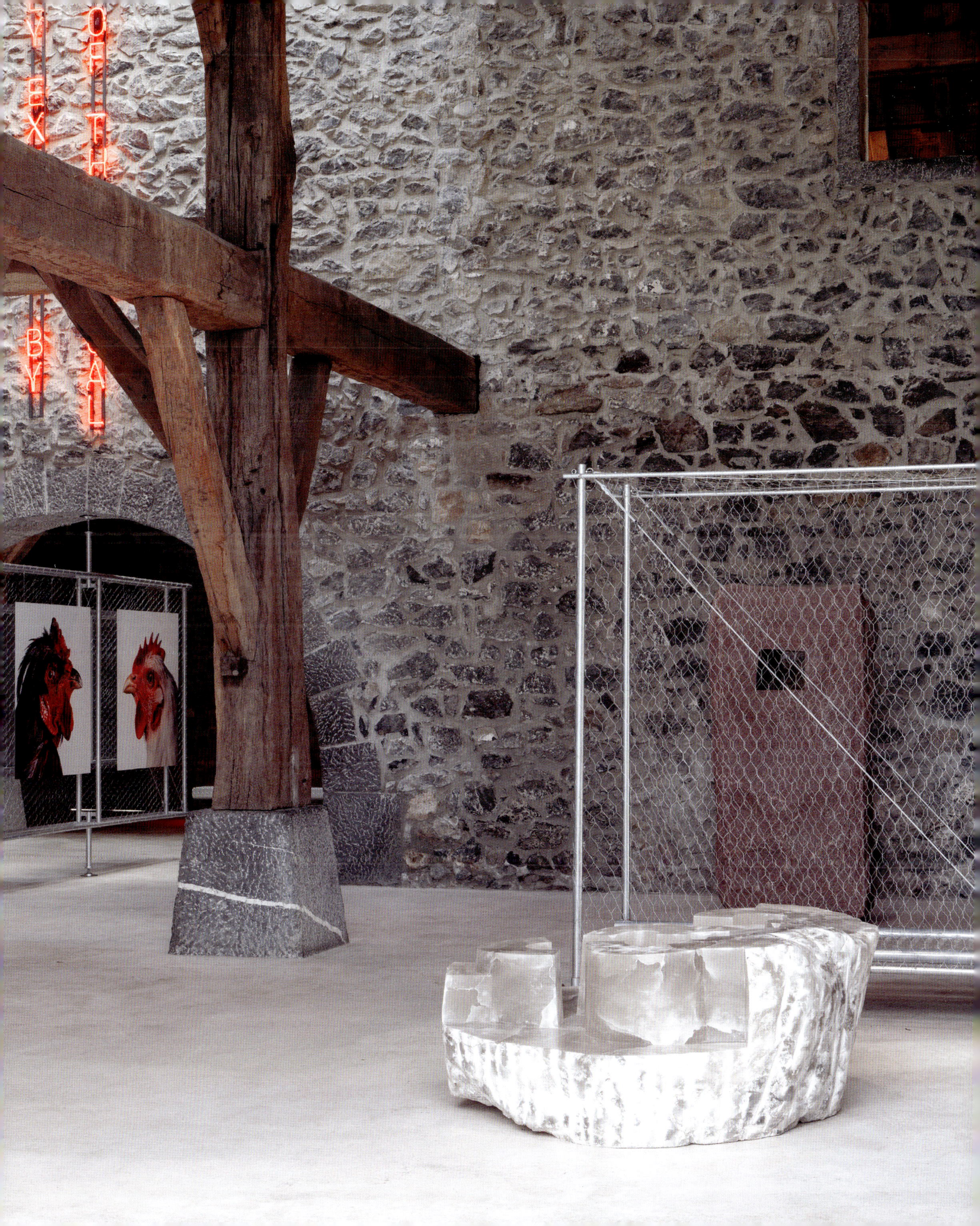

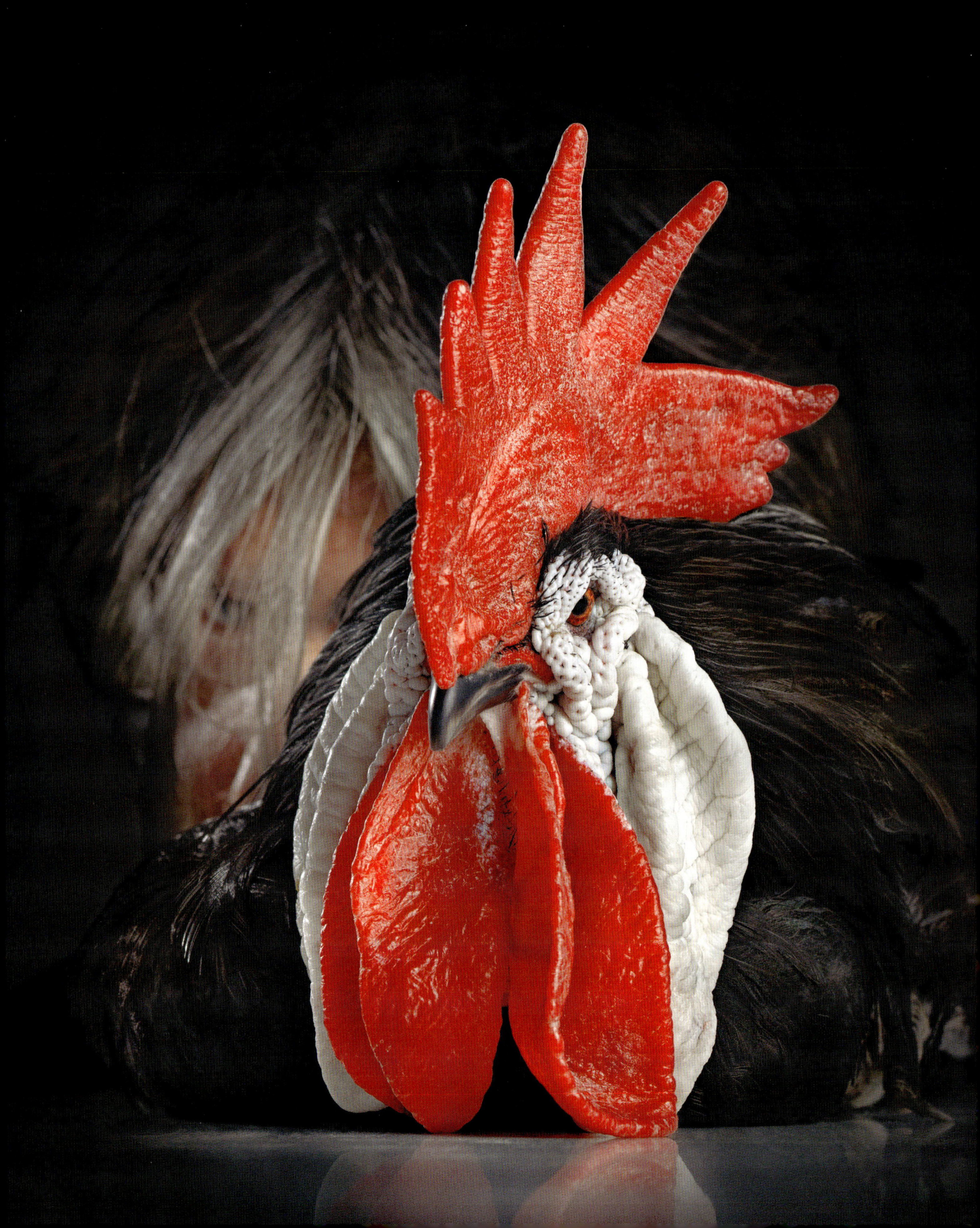

LIMINA: COSMOPOLITAN CHICKEN PROJECT 30
KOEN VANMECHELEN

OBREN ZERRENDA
LISTADO DE OBRAS
LIST OF WORKS
LISTE DES ŒUVRES

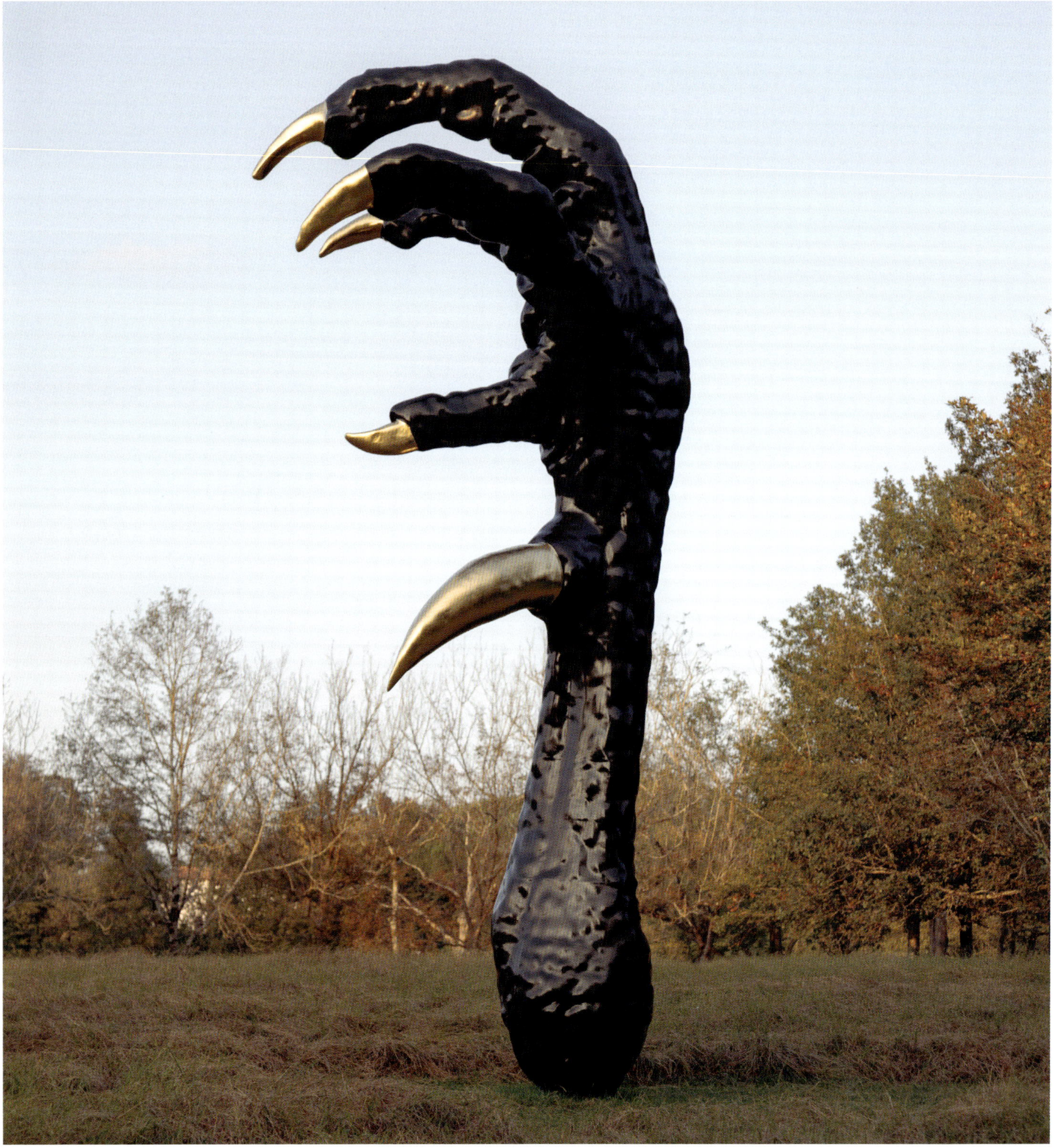

T-REX – CCP

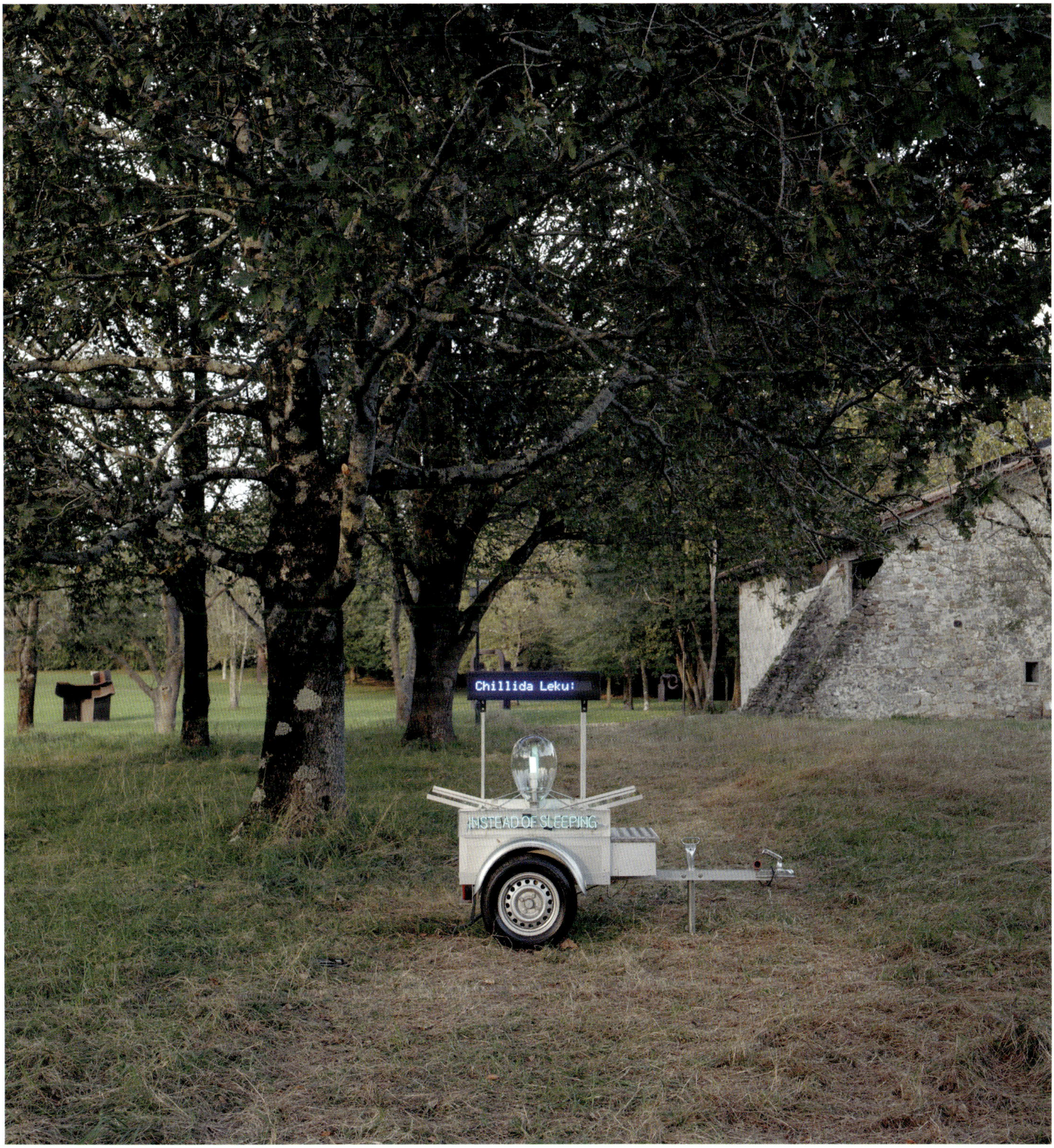

INSTEAD OF SLEEPING

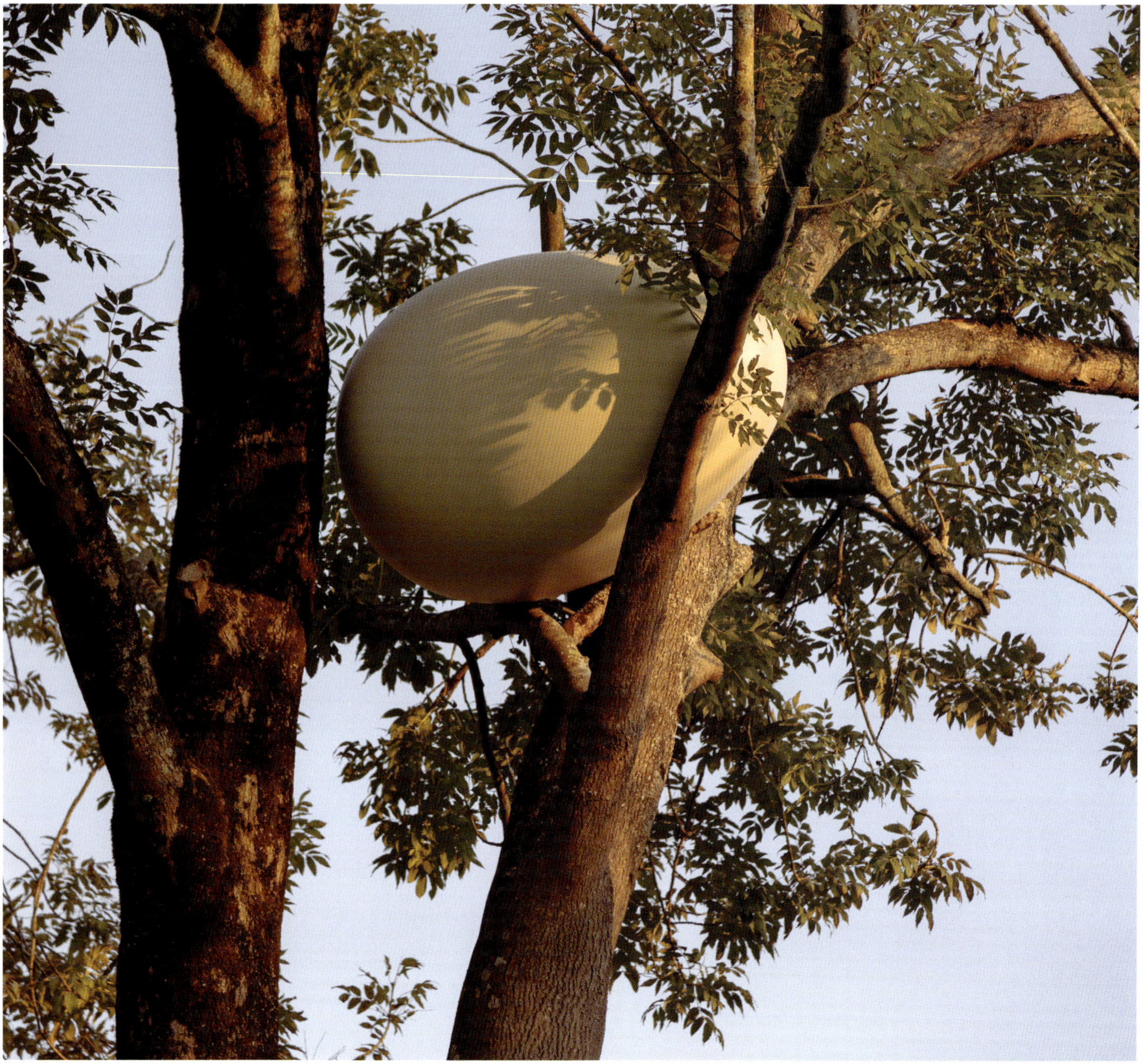

PARADISE LOST

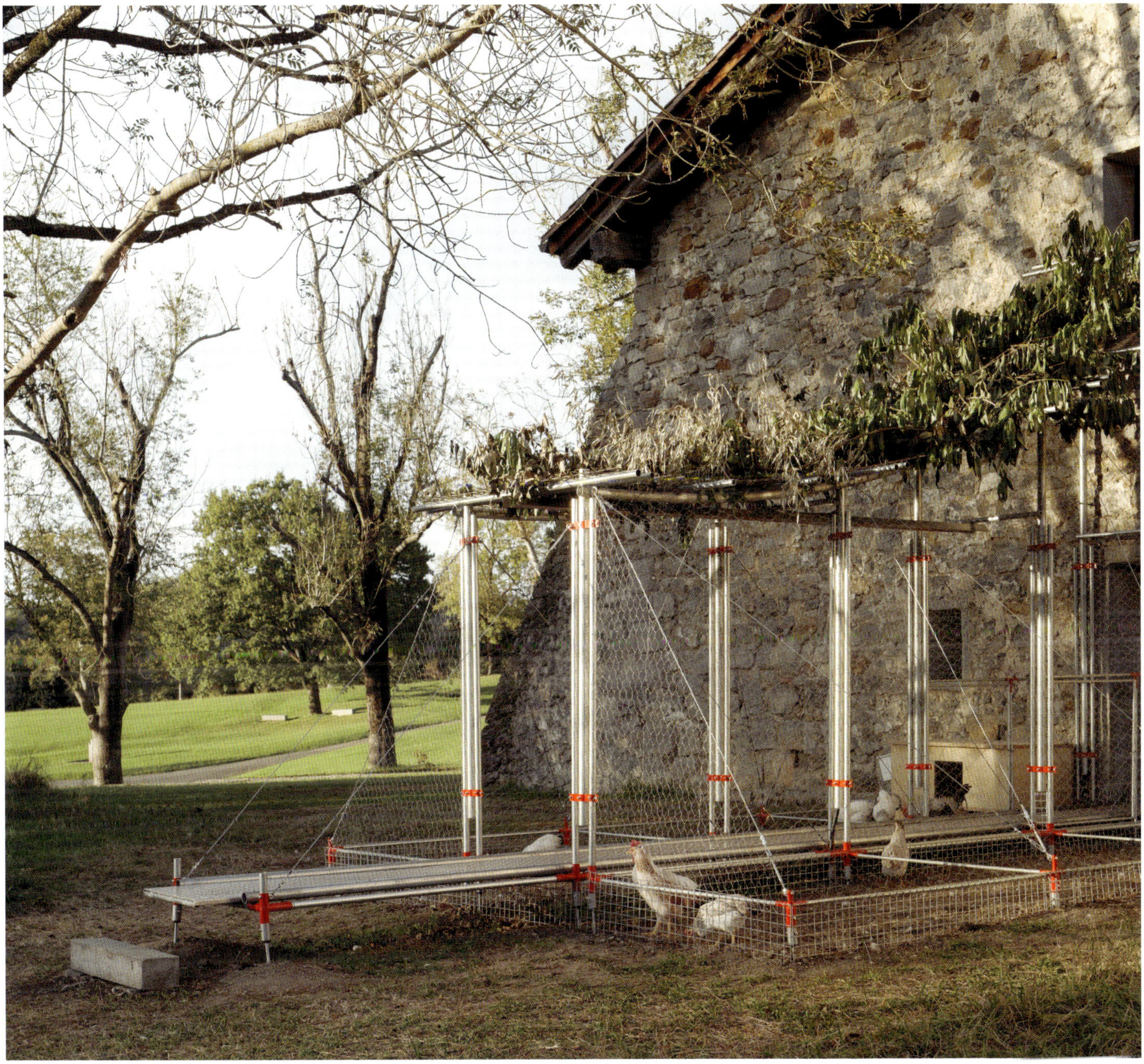

CCPPCC

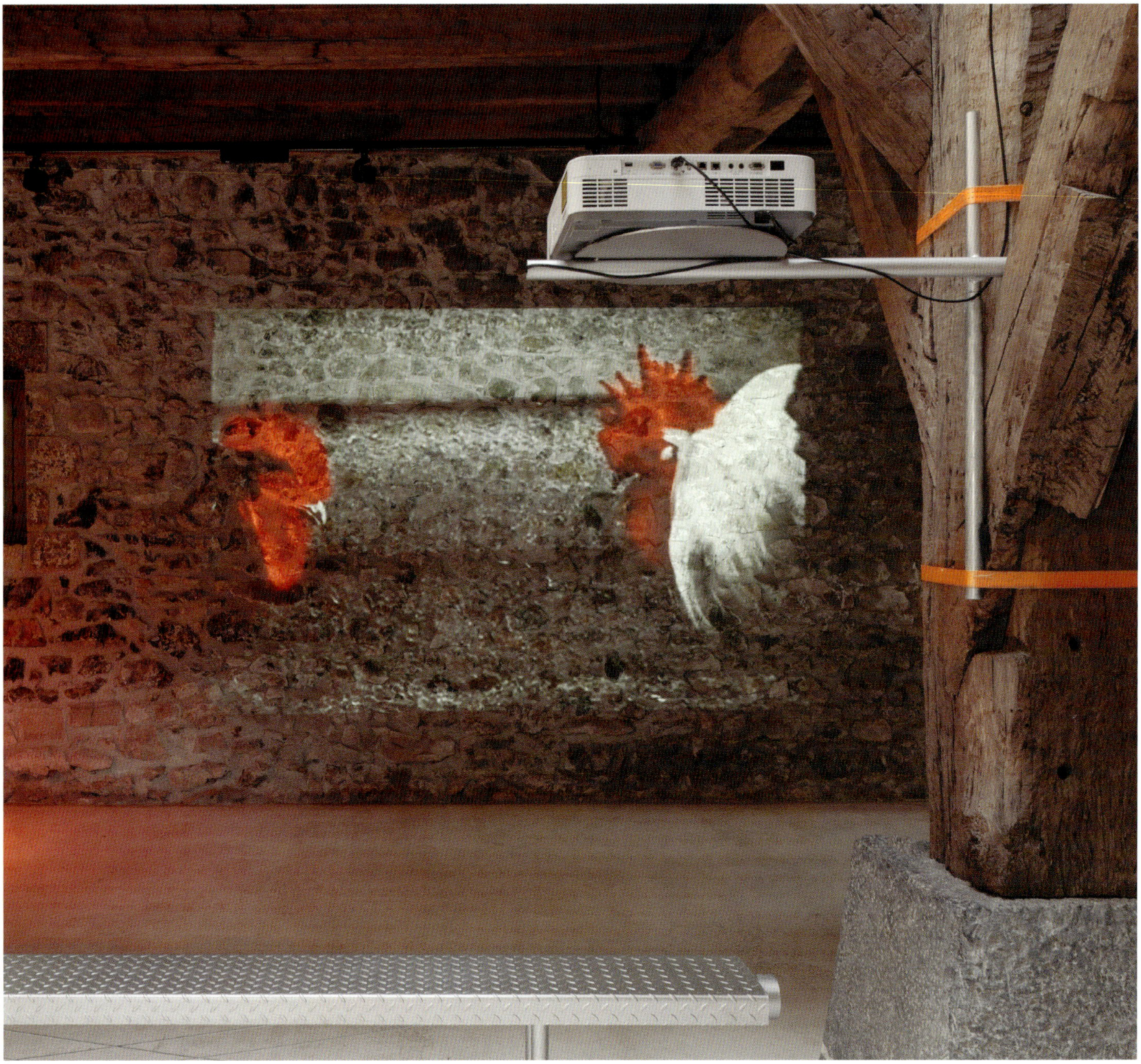

IN TRANSIT – CCP

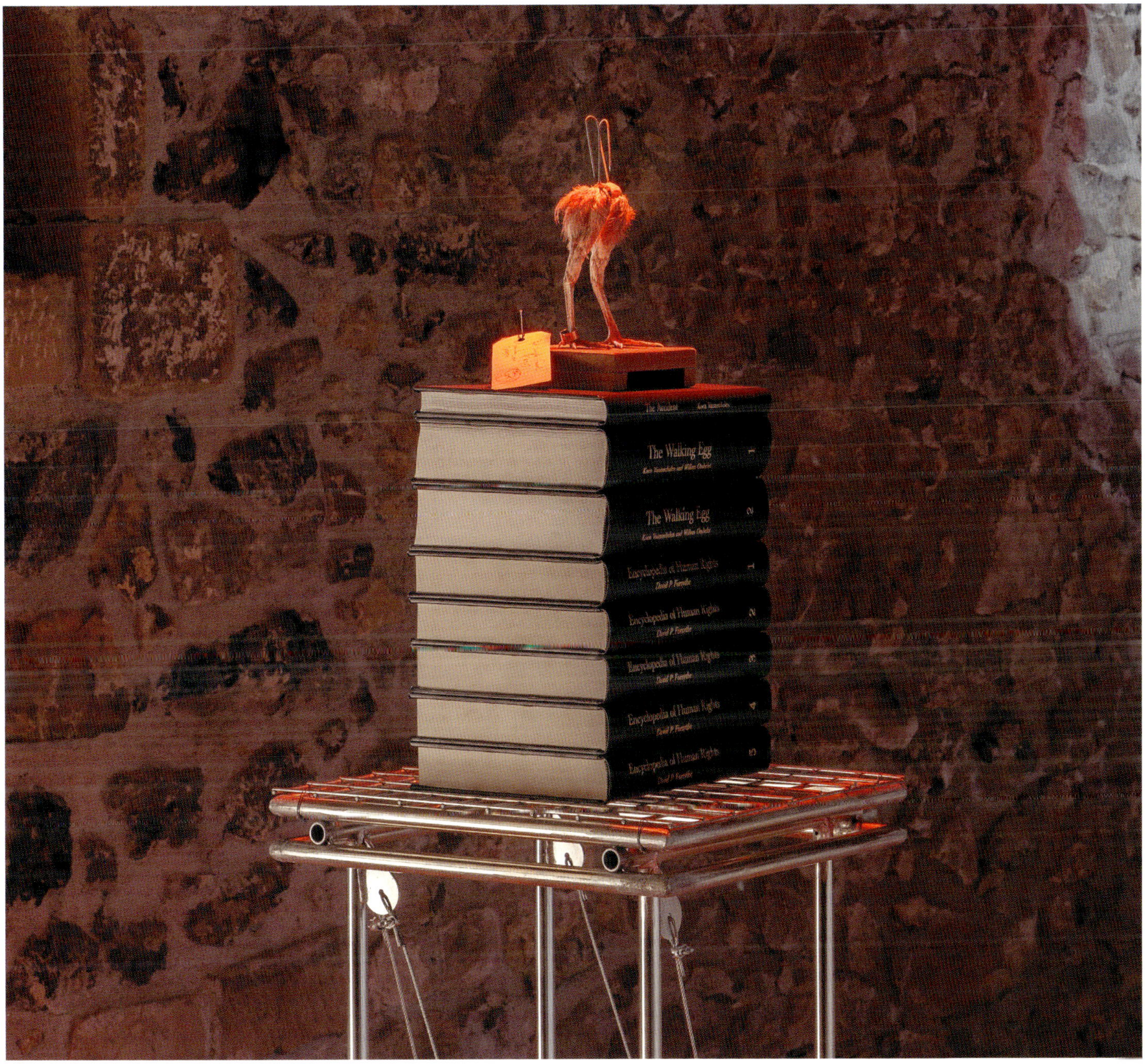

NATURAL KNOWLEDGE – CCP

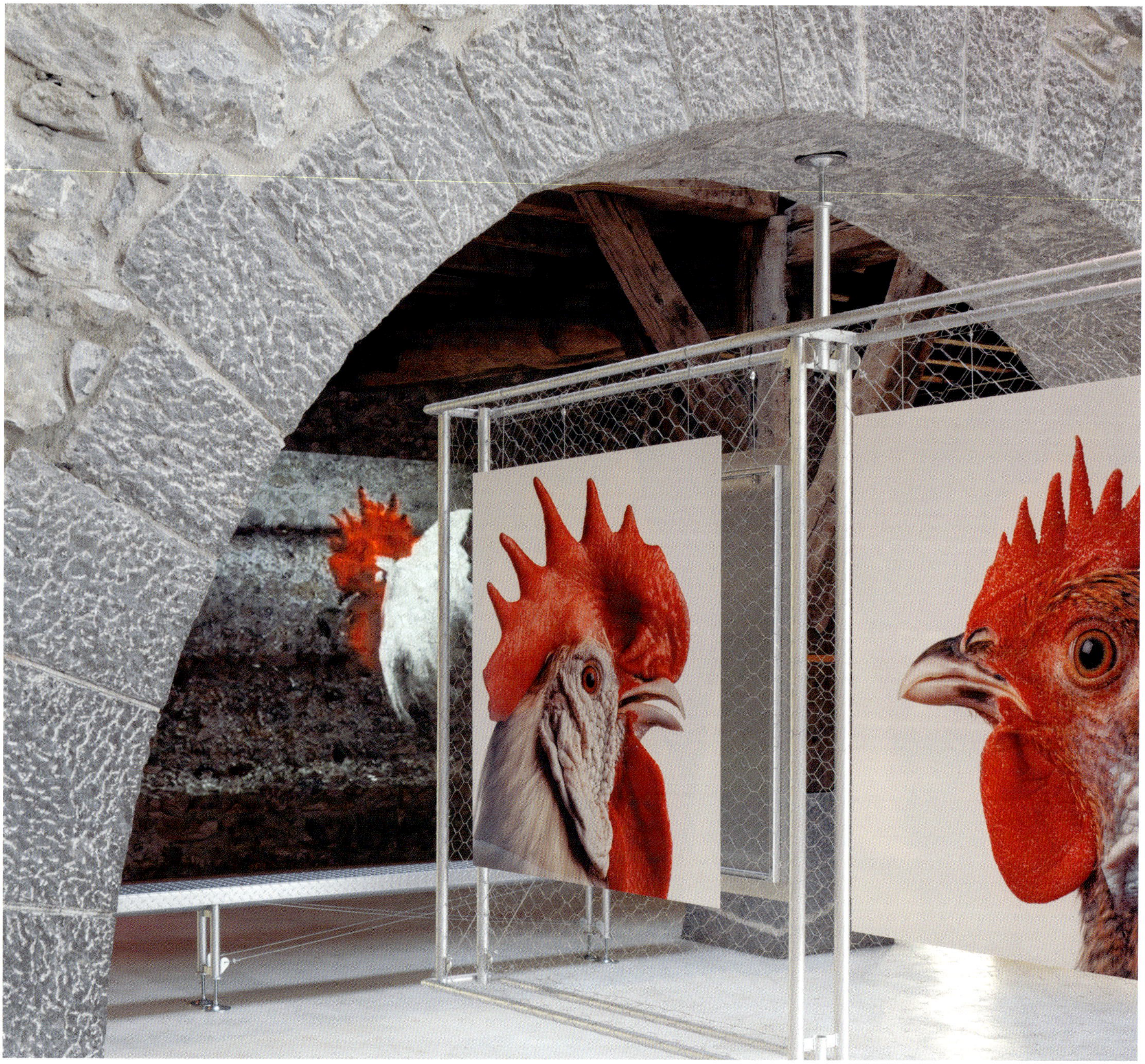

MECHELSE EUSKALDUNA – CCP30
MECHELSE ESPAÑOLA BLANCA – CCP31

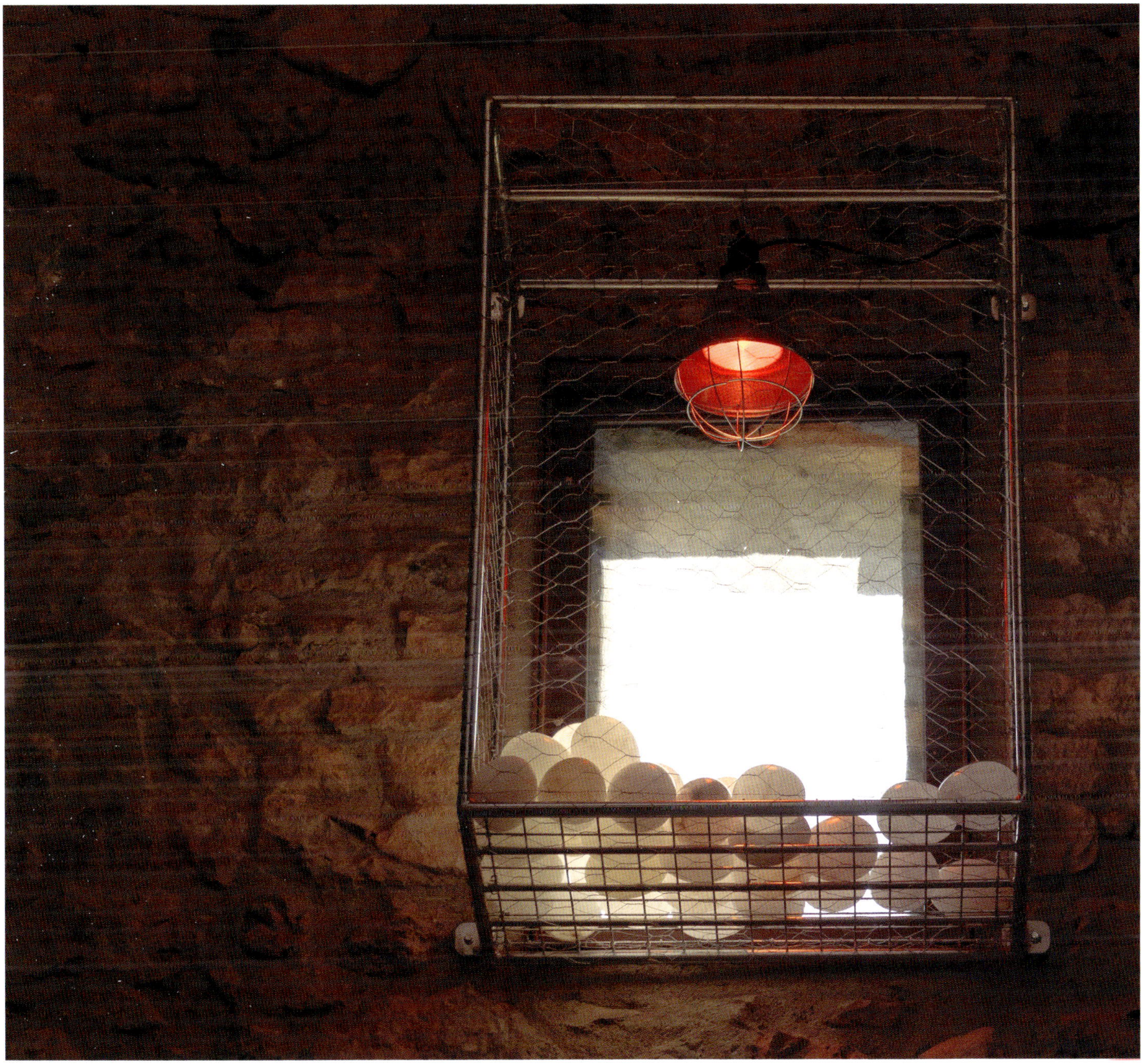

BREAKING THE CAGE – CCP

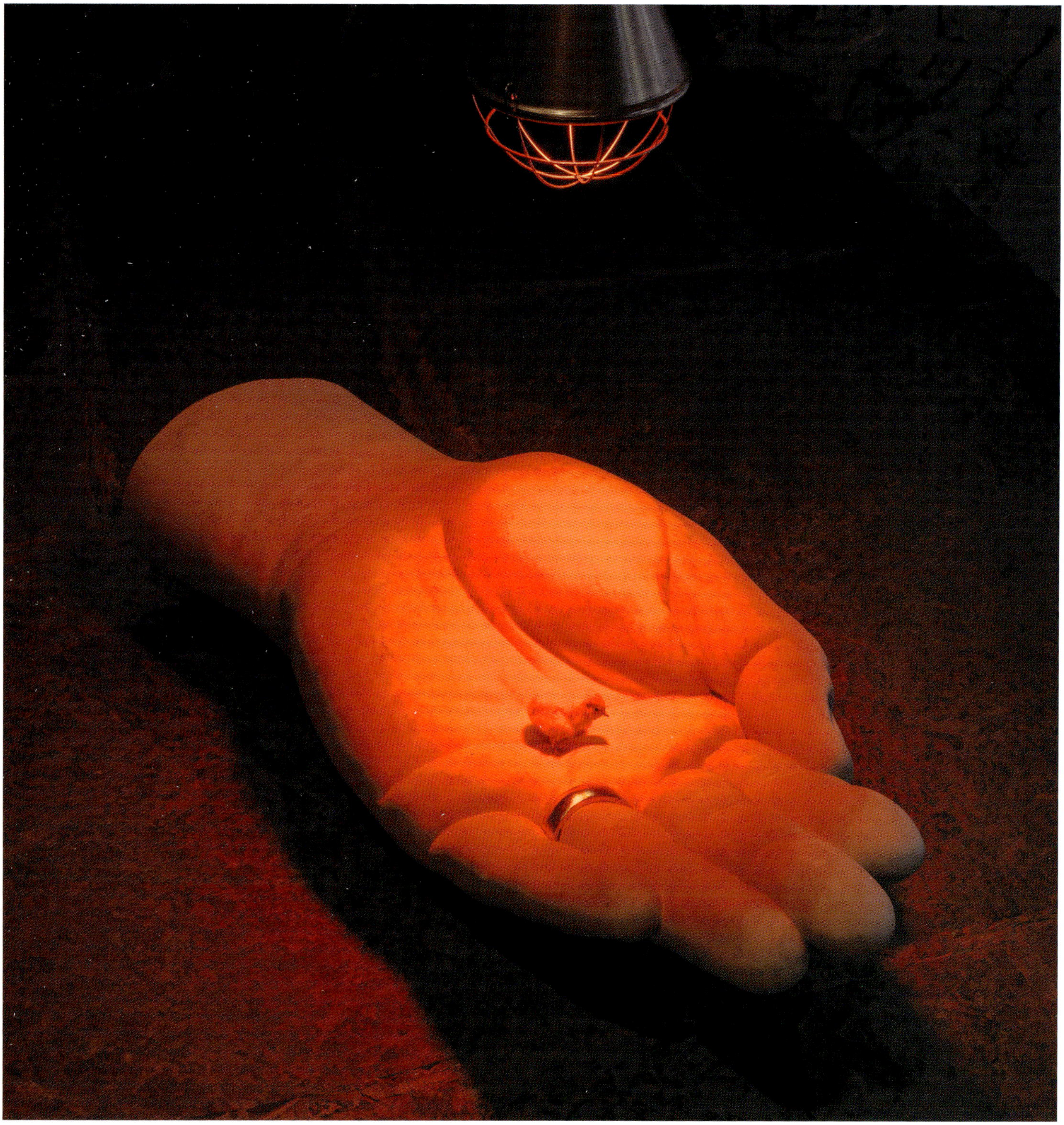

DOMESTICATED GIANT – CCP

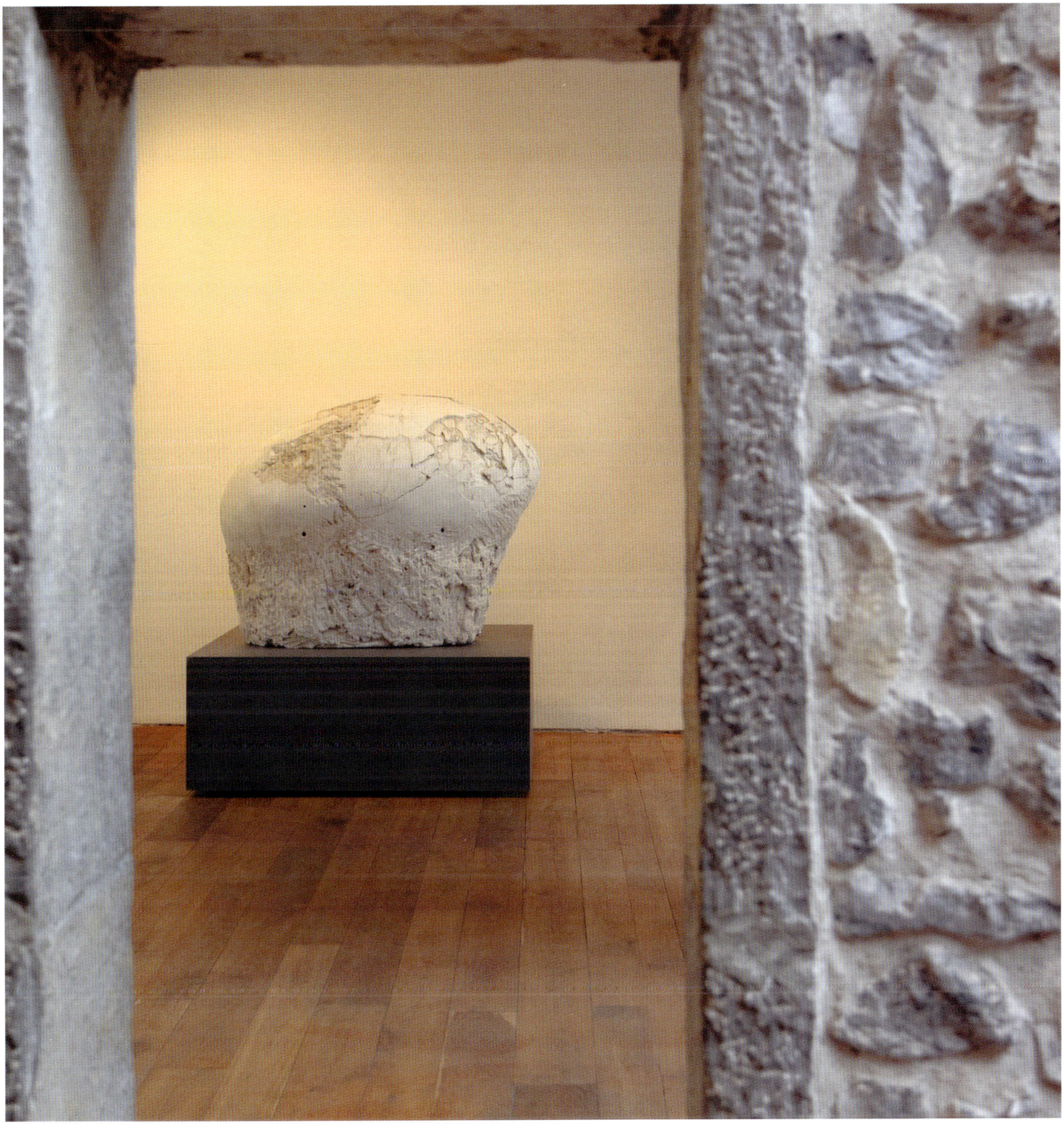

COMING WORLD – CCP

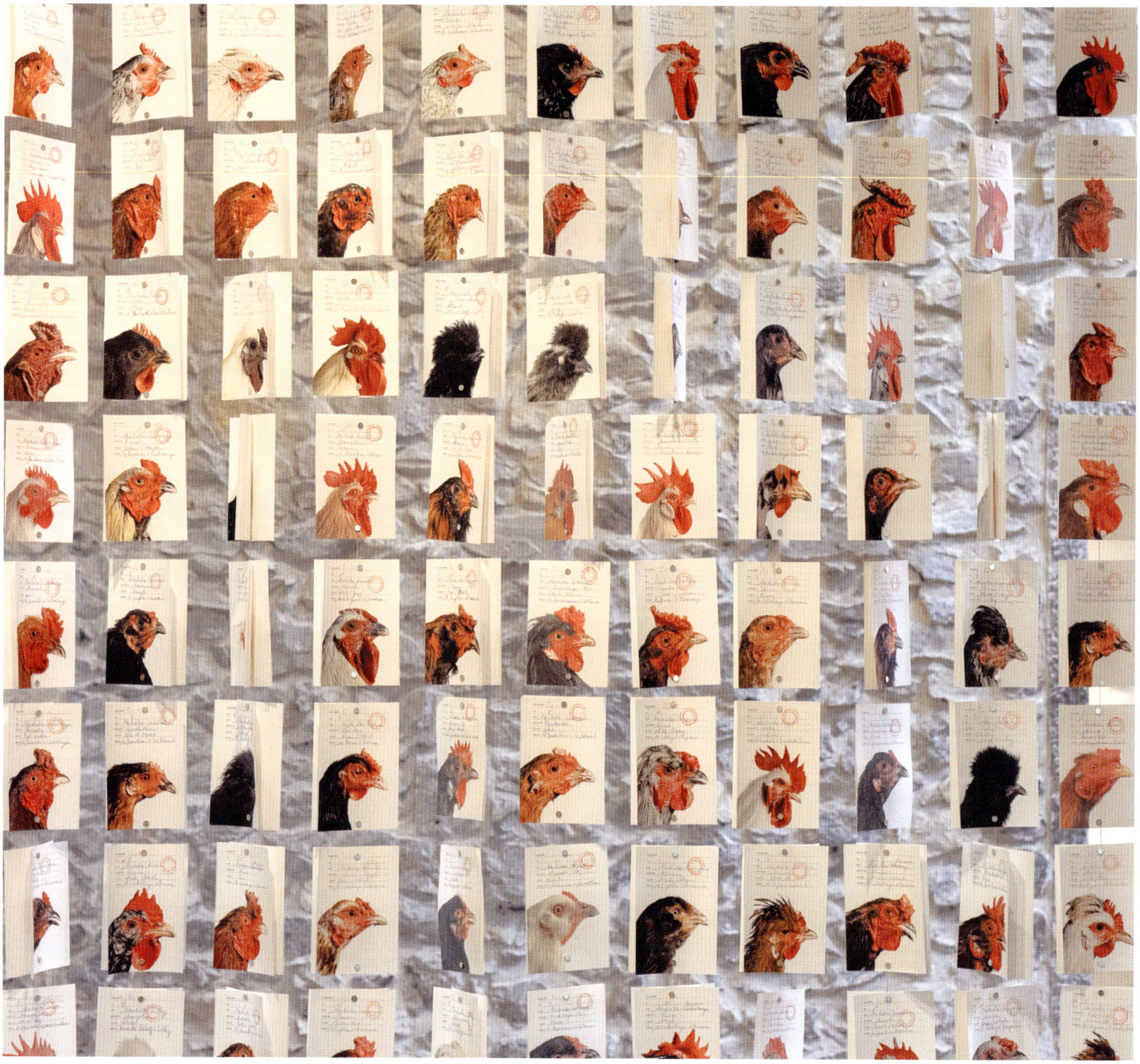

COSMOPOLITAN CHICKEN PROJECT

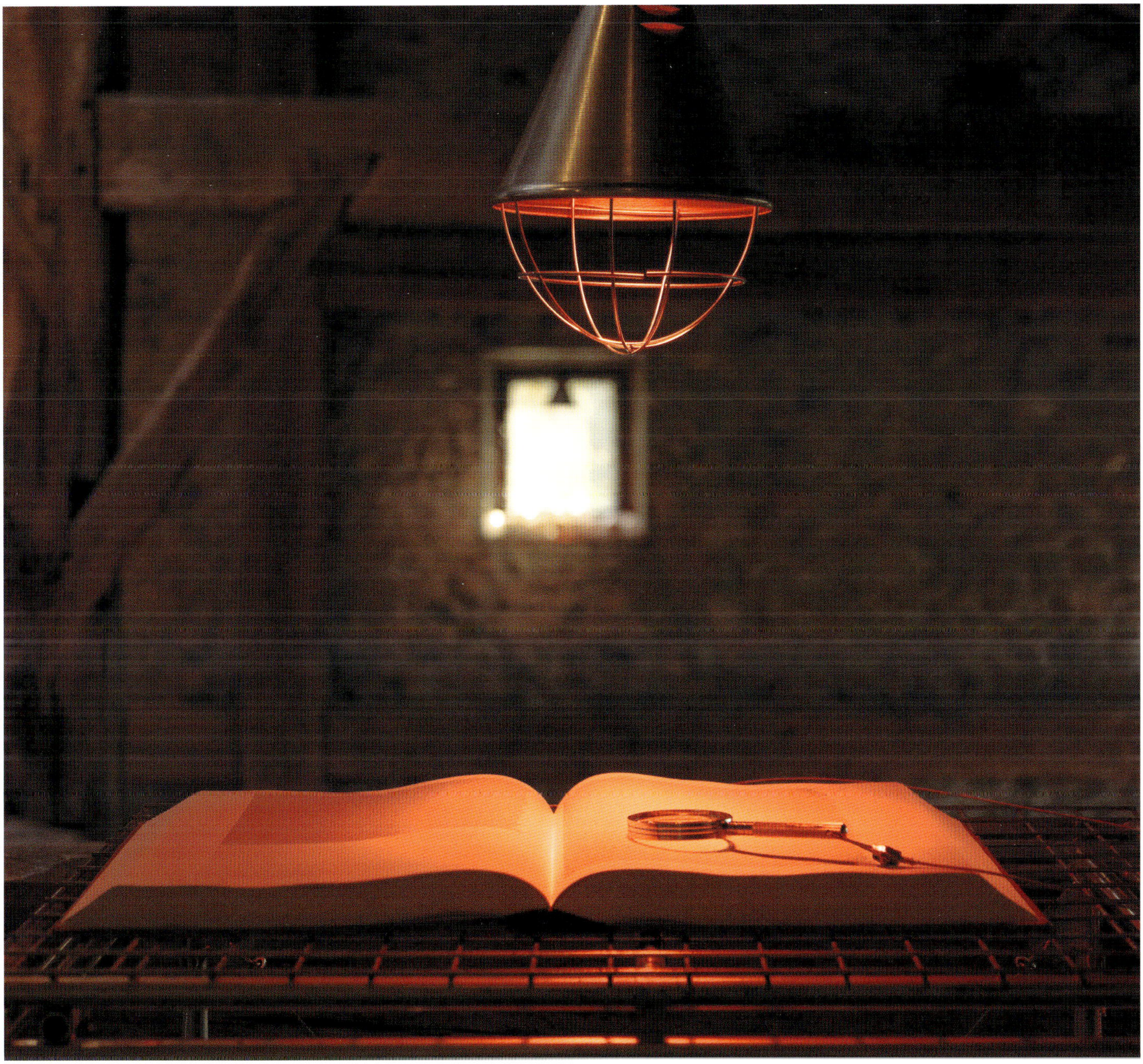

OPEN SECRET – CCP30

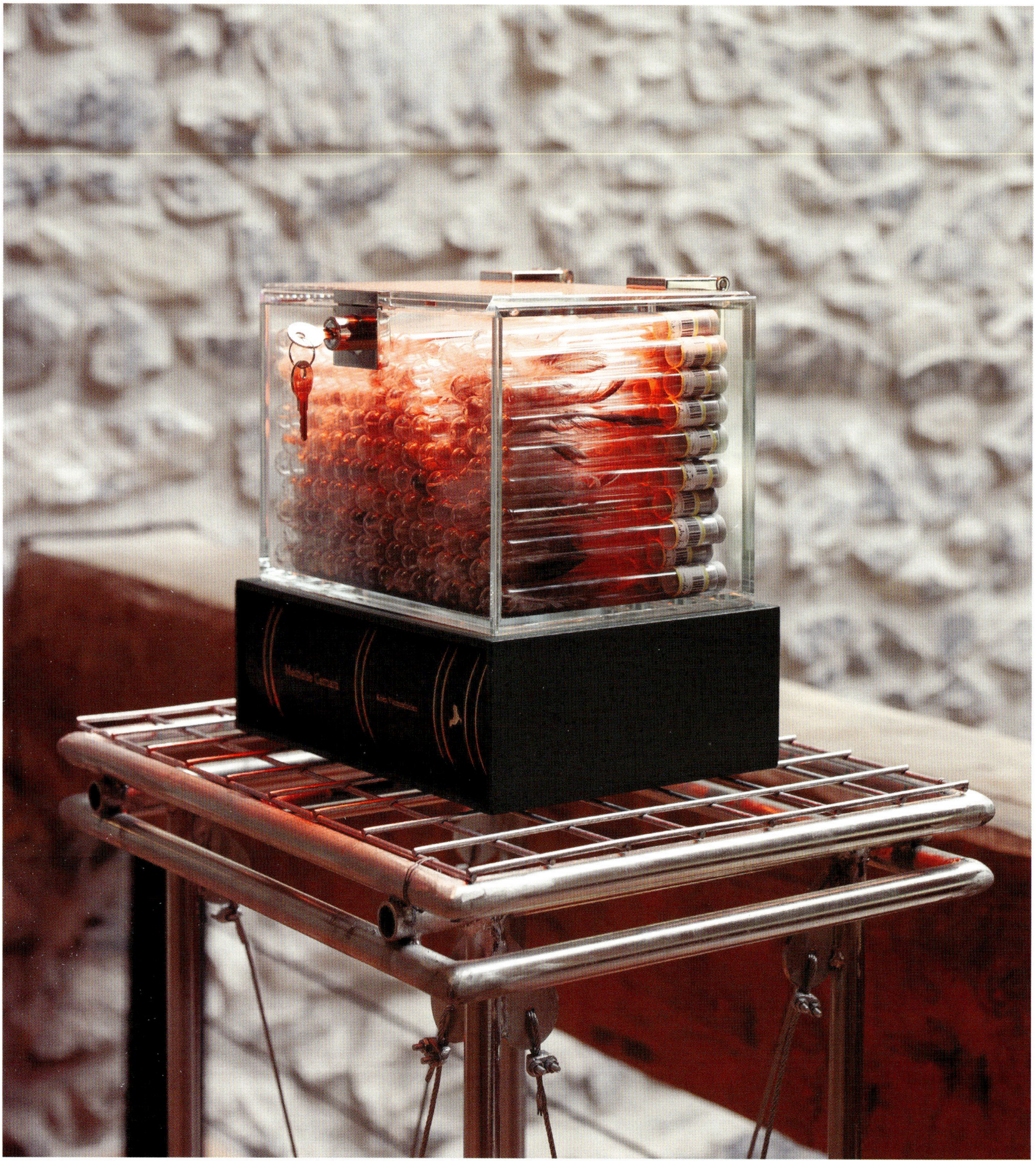

UNDER PRESSURE – CCP

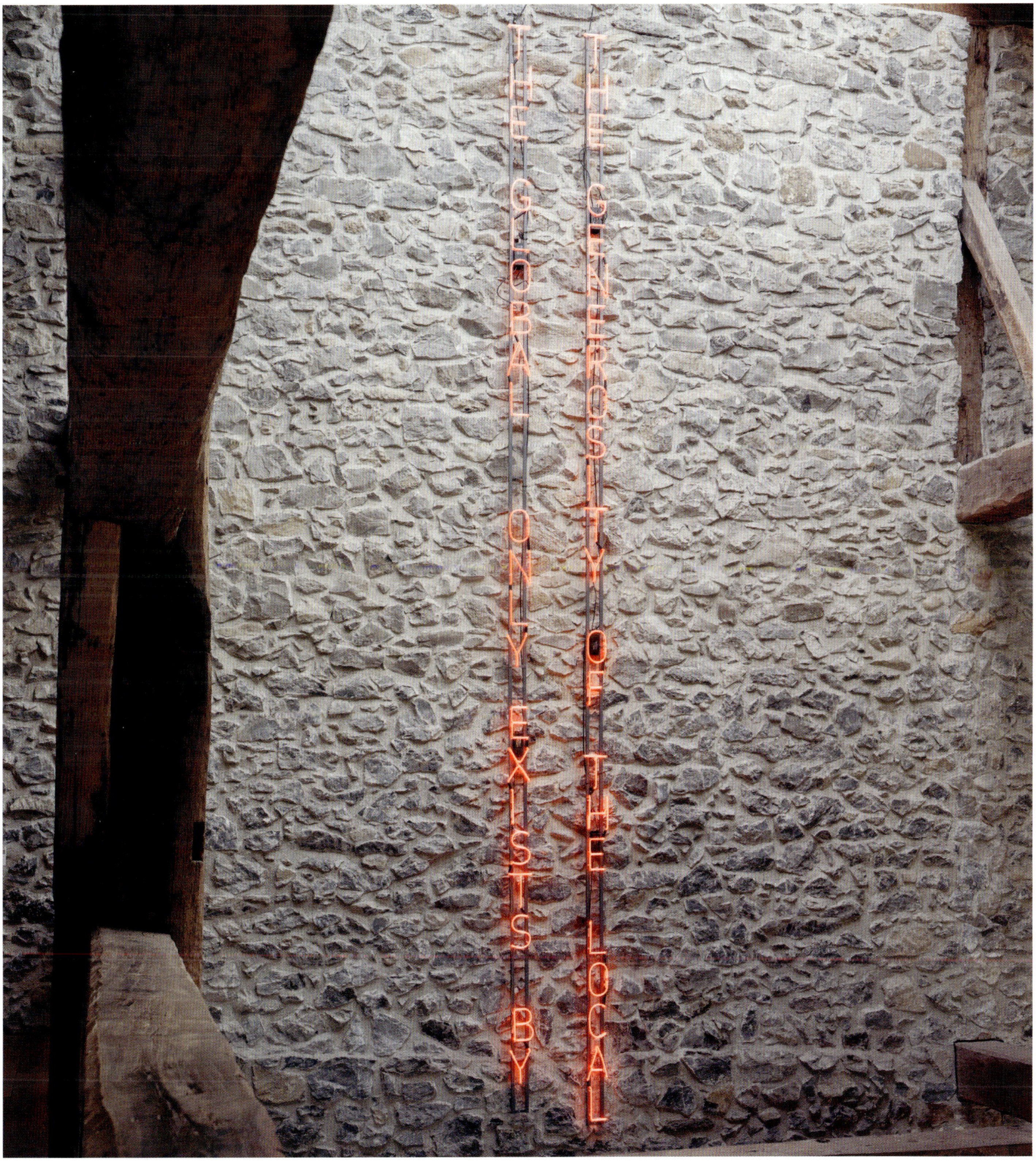

THE GLOBAL ONLY EXISTS BY THE GENEROSITY
OF THE LOCAL

EU

OBREN ZERRENDA

T-REX – CCP
2025

Brontzea, urrezko orria
650 × 230 × 222 cm

INSTEAD OF SLEEPING [LO EGIN ORDEZ]
2025

Atoia, LED albiste-teletipoa, beira, lanpara, neoia
150 × 120 × 80 cm

PARADISE LOST [PARADISU GALDUA]
2025

Poliesterrezko arrautza, altzairua
120 × 80 cm

CCPPCC
2025

Altzairu galbanizatu eta alanbrezko oilategia,
Mechelse Jærhøns – CCP29, Euskal Oiloa [I]
Musuzuri Espainiar Beltza, Mechelse Euskalduna – CCP30 [II]
2.100 × 12.500 × 4.500 cm

IN TRANSIT – CCP [IRAGAITZAZ – CCP]
1999

Bideoa, soinua
05:16 min

NATURAL KNOWLEDGE – CCP [JAKINTZA NATURALA – CCP]
2013

Larruzko liburuak (*Encyclopaedia of Human Rights*, *The Walking Egg* aldizkaria, *The Accident*), taxidermia egindako oilo-hankak (Bankiva Oiloa)*, zura, eraztuna, etiketa
58 × 28 × 22 cm

MECHELSE EUSKALDUNA – CCP30
2025

Bi argazki ChromaLuxe-n
120 × 120 cm
120 × 120 cm

MECHELSE ESPAÑOLA BLANCA – CCP31 [MECHELSE ESPAINIAR ZURIA – CCP31]
2025

Bi argazki ChromaLuxe-n
120 × 120 cm
120 × 120 cm

ES

LISTADO DE OBRAS

T-REX – CCP
2022

Bronce, pan de oro
650 × 230 × 222 cm

INSTEAD OF SLEEPING [EN LUGAR DE DORMIR]
2025

Remolque, teletipo LED, vidrio, lámpara, neón
150 × 120 × 80 cm

PARADISE LOST [PARAÍSO PERDIDO]
2025

Huevo de poliéster, acero
120 × 80 cm

CCPPCC
2025

Gallinero de acero galvanizado y alambre
Mechelse Jærhøns – CCP29, Euskal Oiloa [I]
Española Carablanca, Mechelse Euskalduna – CCP30 [II]
2100 × 12 500 × 4500 cm

IN TRANSIT – CCP [EN TRÁNSITO – CCP]
1999

Vídeo, sonido
05:16 min

NATURAL KNOWLEDGE – CCP [CONOCIMIENTO NATURAL – CCP]
2013

Libros encuadernados en cuero (*Encyclopaedia of Human Rights* [Enciclopedia de los Derechos Humanos], revista *The Walking Egg*, *The Accident*), patas de pollo disecadas (gallo rojo salvaje)*, madera, anillo, etiqueta
58 × 28 × 22 cm

MECHELSE EUSKALDUNA – CCP30
2025

Dos fotografías sobre ChromaLuxe
120 × 120 cm
120 × 120 cm

MECHELSE ESPAÑOLA BLANCA – CCP31
2025

Dos fotografías sobre ChromaLuxe
120 × 120 cm
120 × 120 cm

EN

LIST OF WORKS

T-REX – CCP
2022

Bronze, gold leaf
650 × 230 × 222 cm

INSTEAD OF SLEEPING
2025

Trailer, LED news ticker, glass, lamp, neon
150 × 120 × 80 cm

PARADISE LOST
2025

Polyester egg, steel
120 × 80 cm

CCPPCC
2025

Galvanised steel and wire chicken coop,
Mechelse Jærhøns – CCP29, Euskal Oiloa [I]
White-faced Black Spanish, Mechelse
Euskalduna – CCP30 [II]
2,100 × 12,500 × 4,500 cm

IN TRANSIT – CCP
1999

Video, sound
05:16 min

NATURAL KNOWLEDGE – CCP
2013

Leather-bound books (*Encyclopaedia of Human Rights*, *The Walking Egg* magazine, *The Accident*), taxidermied chicken feet (Red Junglefowl)*,
wood, ring, label
58 × 28 × 22 cm

MECHELSE EUSKALDUNA – CCP30
2025

Two photographs on ChromaLuxe
120 × 120 cm
120 × 120 cm

MECHELSE ESPAÑOLA BLANCA – CCP31
2025

Two photographs on ChromaLuxe
120 × 120 cm
120 × 120 cm

FR

LISTE DES ŒUVRES

T-REX – CCP
2022

Bronze, feuille d'or
650 × 230 × 222 cm

INSTEAD OF SLEEPING [AU LIEU DE DORMIR]
2025

Remorque, bandeau LED d'information en continu, verre, lampe, néon
150 × 120 × 80 cm

PARADISE LOST [PARADIS PERDU]
2025

Œuf en polyester, acier
120 × 80 cm

CCPPCC
2025

Acier galvanisé et poulailler en grillage
Mechelse Jærhøns – CCP29, Euskal Oiloa [I]
Espagnole à face blanche, Mechelse Euskalduna – CCP30 [II]
2 100 × 12 500 × 4 500 cm

IN TRANSIT – CCP [EN TRANSIT – CCP]
1999

Vidéo, son
05:16 min

NATURAL KNOWLEDGE – CCP [CONNAISSANCES NATURELLES – CCP]
2013

Livres reliés en cuir (*Encyclopaedia of Human Rights* [Encyclopédie des droits de l'homme], magazine *The Walking Egg*, *The Accident*), pattes de poulet empaillées (Coq doré)*, bois, bague, étiquette
58 × 28 × 22 cm

MECHELSE EUSKALDUNA – CCP30
2025

Deux photographies sur ChromaLuxe
120 × 120 cm
120 × 120 cm

MECHELSE ESPAÑOLA BLANCA – CCP31 [MECHELSE ESPAGNOLE BLANCHE – CCP31]
2025

Deux photographies sur ChromaLuxe
120 × 120 cm
120 × 120 cm

BREAKING THE CAGE – CCP [KAIOLA APURTUZ – CCP]
2025

Altzairu herdoilgaitzezko sare-kaxak, alabastrozko arrautzak, inkubagailu-argiak
Neurri aldakorrak

DOMESTICATED GIANT – CCP [ERRALDOI HEZIA – CCP]
2013

Carrarako marmola, taxidermia egindako txita (CCP)*, urrezko orria
53 × 120 × 42 cm

COMING WORLD – CCP [ETORTZEKO DAGOEN MUNDUA – CCP]
2015

Igeltsua
125 × 160 × 120 cm

COSMOPOLITAN CHICKEN PROJECT [OILO KOSMOPOLITAREN PROIEKTUA]
2025

Eskuz idatzitako oiloen pasaporteak altzairuzko kable-markoan
138 × 285 cm

OPEN SECRET – CCP30 [AGERIKO SEKRETUA – CCP30]
2025

Larruzko liburua, Mechelse Euskalduna – CCP30-aren DNA sekuentziaren analisi konparatiboa, leiar handitzailea
67 × 34,5 cm

UNDER PRESSURE – CCP [PRESIOPEAN – CCP]
2025

Beirazko kaxa aluminiozko erroekin eta sarrailarekin, bi giltza, CCPko lumak dituzten entsegu-hodiak etiketatuta, larruzko liburua (Mechelse Cemani – CCP19-ren DNA sekuentziaren analisia)

29 × 19 × 26 cm

THE GLOBAL ONLY EXISTS BY THE GENEROSITY OF THE LOCAL [GLOBALA TOKIKOAREN ESKUZABALTASUNARI ESKER BAINO EZ DA EXISTITZEN]
2025

Eskuz puztutako beirazko neoi-ikurra
679 × 65 cm

* TAXIDERMIA EGIN ZAIEN VANMECHELENEN LANEKO ANIMALIA GUZTIAK ARRAZOI NATURALEZ HIL ZIREN.

BREAKING THE CAGE – CCP [ROMPER LA JAULA – CCP]
2025

Cajas de malla de acero inoxidable, huevos de alabastro, lámparas de cría
Dimensiones variables

DOMESTICATED GIANT – CCP [GIGANTE DOMESTICADO – CCP]
2013

Mármol de Carrara, pollito disecado (CCP)*, pan de oro
53 × 120 × 42 cm

COMING WORLD – CCP [EL MUNDO QUE VIENE – CCP]
2015

Yeso
125 × 160 × 120 cm

COSMOPOLITAN CHICKEN PROJECT [PROYECTO POLLO COSMOPOLITA]
2025

Pasaportes de pollos escritos a mano sobre estructura de cable de acero
138 × 285 cm

OPEN SECRET – CCP30 [SECRETO A VOCES – CCP30]
2025

Libro encuadernado en cuero, análisis comparativo de secuencias de ADN de una Mechelse Euskalduna – CCP30, lupa
67 × 34,5 cm

UNDER PRESSURE – CCP [BAJO PRESIÓN – CCP]
2025

Caja de cristal con bisagras y cerradura de aluminio, dos llaves, tubos de ensayo etiquetados con plumas del CCP, libro encuadernado en cuero (análisis de la secuencia de ADN de la Mechelse Cemani – CCP19)
29 × 19 × 26 cm

THE GLOBAL ONLY EXISTS BY THE GENEROSITY OF THE LOCAL [LO GLOBAL SOLO EXISTE POR LA GENEROSIDAD DE LO LOCAL]
2025

Letrero de neón de vidrio soplado a mano
679 × 65 cm

* TODOS LOS ANIMALES DISECADOS INCLUIDOS EN LA OBRA DE VANMECHELEN HAN MUERTO POR CAUSAS NATURALES.

BREAKING THE CAGE – CCP
2025

Stainless-steel mesh boxes, alabaster eggs, breeding lamps
Variable dimensions

DOMESTICATED GIANT – CCP
2013

Carrara marble, taxidermied chick (CCP)*, gold leaf
53 × 120 × 42 cm

COMING WORLD – CCP
2015

Plaster
125 × 160 × 120 cm

COSMOPOLITAN CHICKEN PROJECT
2025

Handwritten chicken passports on steel-cable framework
138 × 285 cm

OPEN SECRET – CCP30
2025

Leather-bound book, comparative DNA sequence analysis of a Mechelse Euskalduna – CCP30, magnifying glass
67 × 34.5 cm

UNDER PRESSURE – CCP
2025

Glass box with aluminium hinges and lock, two keys, labelled test tubes with feathers from the CCP, leather-bound book (DNA sequence analysis of the Mechelse Cemani – CCP19)
29 × 19 × 26 cm

THE GLOBAL ONLY EXISTS BY THE GENEROSITY OF THE LOCAL
2025

Hand-blown glass neon sign
679 × 65 cm

* ALL TAXIDERMIED ANIMALS IN VANMECHELEN'S WORK DIED OF NATURAL CAUSES.

BREAKING THE CAGE – CCP [CASSER LA CAGE – CCP]
2025

Cages en treillis en acier inoxydable, œufs en albâtre, lampes chauffantes
Diverses dimensions

DOMESTICATED GIANT – CCP [GÉANT DOMESTIQUÉ – CCP]
2013

Marbre de Carrare, poule empaillée (CCP)*, feuille d'or
53 × 120 × 42 cm

COMING WORLD – CCP [LE MONDE À VENIR – CCP]
2015

Plâtre
125 × 160 × 120 cm

COSMOPOLITAN CHICKEN PROJECT [PROJET POULET COSMOPOLITE]
2025

Passeports de poules écrits à la main sur une structure de câbles en acier
138 × 285 cm

OPEN SECRET – CCP30 [SECRET DE POLICHINELLE – CCP30]
2025

Livre relié en cuir, analyse comparative de séquence d'ADN de Mechelse Euskalduna
67 × 34,5 cm

UNDER PRESSURE – CCP [SOUS PRESSION – CCP]
2025

Boîte en verre dotée de charnières en aluminium et d'une serrure, deux clés, éprouvettes étiquetées contenant des plumes du CCP, livre relié en cuir (analyse de séquence ADN de Mechelse Cemani – CCP19)
29 × 19 × 26 cm

THE GLOBAL ONLY EXISTS BY THE GENEROSITY OF THE LOCAL [LE GLOBAL N'EXISTE QUE PAR LA GÉNÉROSITÉ DU LOCAL]
2025

Enseigne au néon en verre soufflé à la main
679 × 65 cm

* TOUS LES ANIMAUX EMPAILLÉS DANS L'ŒUVRE DE VANMECHELEN SONT MORTS NATURELLEMENT.

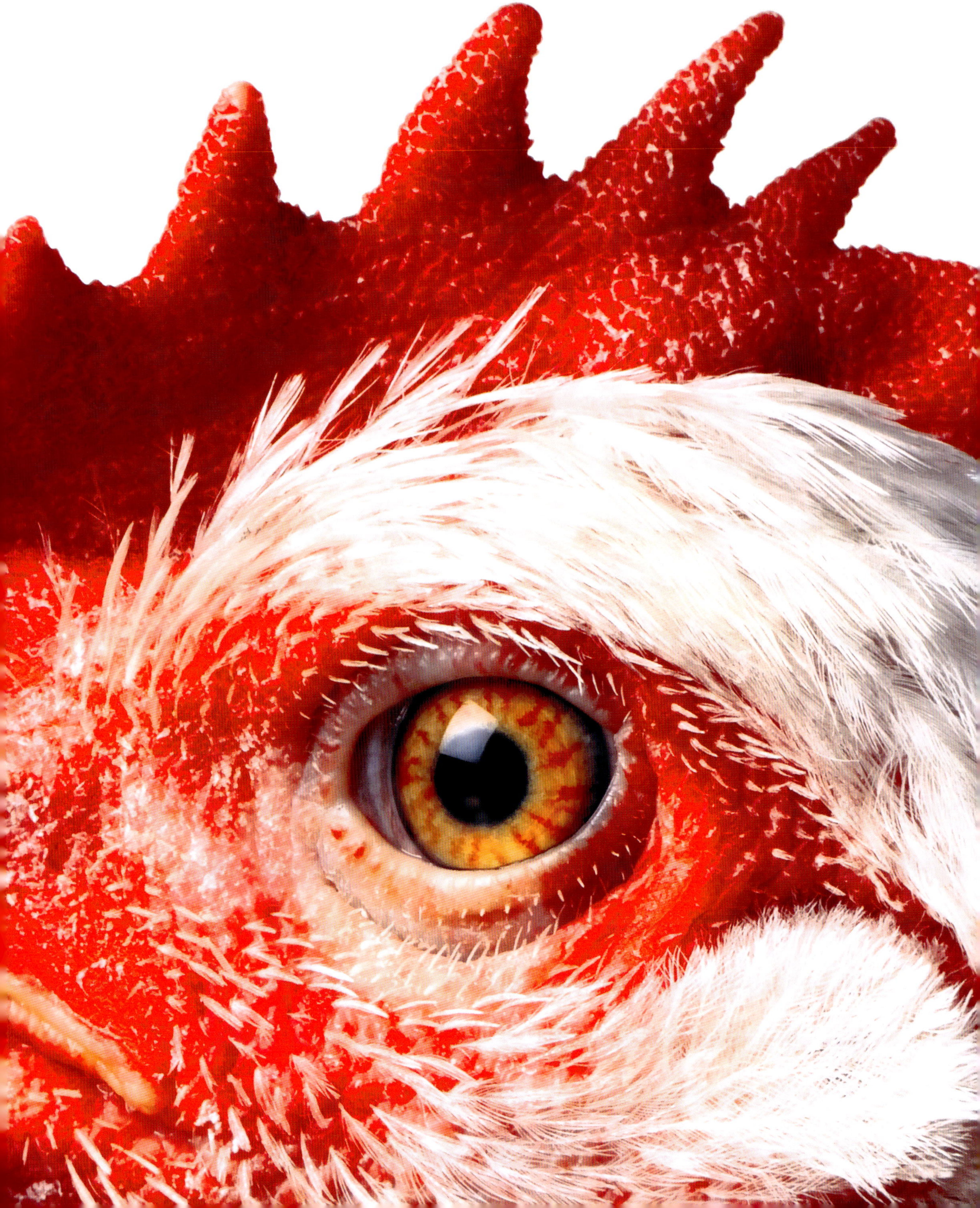

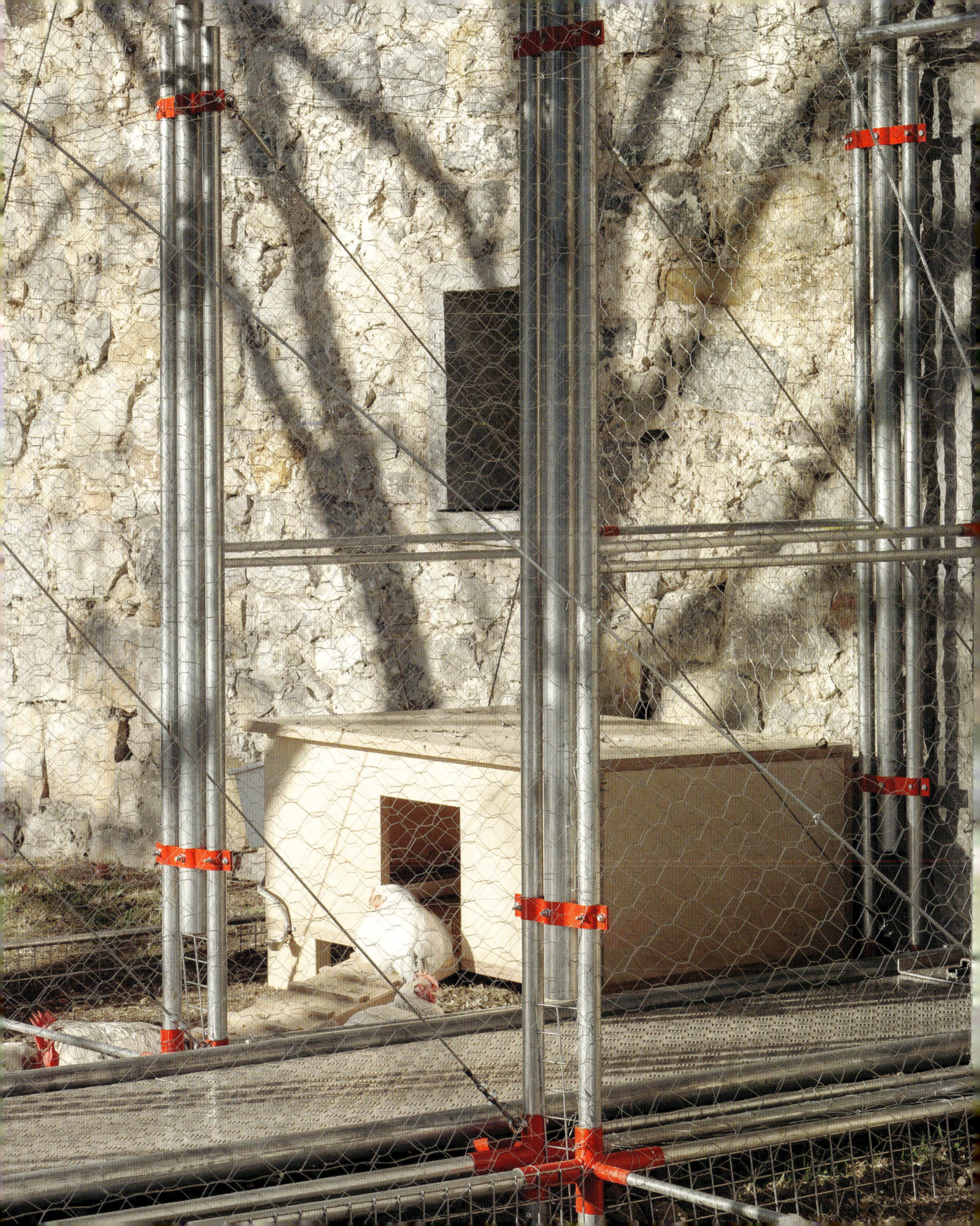

KOEN VANMECHELEN

EU

BIOGRAFIA

Koen Vanmechelen (Belgika, 1965) nazioartean ospe handiko artista kontzeptuala da, eta bere obrak artearen, zientziaren, filosofiaren eta komunitatearen munduen arteko zubi lana egiten du. Bere belaunaldiko pentsalari polifazetikoenetako bat, Vanmechelenek obra berezia eraiki du, identitatearen, aniztasunaren eta aldatzen ari den planeta batean gure bilakaera partekatuaren funtsezko galderak aztertzen dituena.

Bere jardunaren muinean aniztasun biokulturalaren kontzeptua dago: truke biologiko eta kulturalaren arteko elkarrekintza dinamikoa. Eskultura, instalazioa, marrazkia, performancea eta proiektu sozialen bidez, berak du aztergai bizitzak nola negoziatzen duen etengabe hibridazioaren eta konexioaren artean, kaosaren eta orekaren artean. *Etengabeko migratzailea* den heinean, Vanmechelenek munduan zehar bidaiatu du, diziplina-mugak desegiten dituzten eta besteak zentzuaren bilaketa kolektiboan parte hartzera gonbidatzen dituzten lankidetzen bila. Bere artea, bizitzari buruzko gogoeta ez ezik, bizikidetzarako laborategi aktiboa da, komunitateak, zientzialariak eta pentsalariak elkarlanean etorkizun berriak irudikatzera gonbidatzen dituena.

Agian ezaguna da batez ere *Cosmopolitan Chicken Project (CCP)* [Oilo kosmopolitaren proiektua] egitasmoagatik: 1990eko hamarkadaren amaieran hasitako lan global eta etengabea, oilo espezie nazionalak gurutzatzen dituena, hegazti *kosmopoliten* belaunaldi gero eta anitzagoak sortzeko. 2025ean, 30. belaunaldia jaio zen, *Mechelse Euskalduna,* bost kontinenteetako 30 herrialde eta eskualdeta ko geneak daramatzana. Proiektua metafora eta metodoa da aldi berean: aniztasunaren edertasun eta halabeharraren adierazpen bizia, eta

ES

BIOGRAFÍA

Koen Vanmechelen (1965, Bélgica) es un artista conceptual internacional cuya obra se erige en un verdadero puente entre arte, ciencia, filosofía y comunidad. Es reconocido como uno de los pensadores más versátiles de su generación; ha creado una obra singular que explora cuestiones tan fundamentales como la identidad, la diversidad y la evolución común en un mundo en constante transformación.

El eje de su trabajo es el concepto de diversidad biocultural: la interacción dinámica entre biología y cultura. Utilizando como vehículos expresivos la escultura, la instalación, el dibujo, la *performance* y los proyectos sociales, investiga cómo la vida es un continuo transitar entre hibridez y conexión, caos y equilibrio. Vanmechelen, «migrante perenne», recorre el mundo en busca de colaboraciones que deshagan las fronteras disciplinares e inviten a sumarse a una búsqueda colectiva de sentido. Su arte no es solo una reflexión sobre la vida, sino un laboratorio activo de coexistencia que impele a comunidades, científicos y pensadores a imaginar juntos nuevos futuros.

Quizás su obra más emblemática sea el *Cosmopolitan Chicken Project (CCP)* [Proyecto pollo cosmopolita], proyecto global y en permanente evolución iniciado a finales de los años noventa, que cruza razas autóctonas de gallinas para dar lugar a generaciones cada vez más diversas de aves «cosmopolitas». En 2025 nació la 30.ª generación: la *Mechelse Euskalduna,* que en sus genes lleva la herencia de 30 países y regiones de cinco continentes. El proyecto es a un tiempo metáfora y método: expresión viva de la belleza y necesidad de la diversidad, y una reflexión sobre la evolución, la migración y la identidad híbrida.

EN

BIOGRAPHY

Koen Vanmechelen (b. 1965, Belgium) is an internationally renowned conceptual artist whose work bridges the worlds of art, science, philosophy, and community. One of the most versatile thinkers of his generation, Vanmechelen has built a unique oeuvre that explores the fundamental questions of identity, diversity, and our shared evolution on a planet in flux.

At the heart of his practice lies the concept of biocultural diversity—the dynamic interplay between biological and cultural exchange. Across sculpture, installation, drawing, performance, and social projects, he investigates how life constantly negotiates between hybridity and connection, chaos and balance. As an *eternal migrant,* Vanmechelen travels the world seeking collaborations that dissolve disciplinary boundaries and invite others to join a collective search for meaning. His art is not only a reflection on life but an active laboratory of coexistence, inviting communities, scientists, and thinkers to imagine new futures together.

Vanmechelen is best known for his *Cosmopolitan Chicken Project (CCP),* a global and ongoing work begun in the late 1990s that crossbreeds national chicken species to create ever more diverse generations of 'Cosmopolitan' birds. In 2025, the 30th generation—the *Mechelse Euskalduna*—was born, carrying genes from 30 countries and regions across five continents. The project is both metaphor and method: a living expression of the beauty and necessity of diversity, and a meditation on evolution, migration, and hybrid identity.

The artist's practice extends far beyond the chicken. His projects include installations, sculptures,

FR

BIOGRAPHIE

Koen Vanmechelen (Belgique, 1965) est un artiste conceptuel à la renommée internationale, dont le travail met en lien les mondes de l'art, de la science, de la philosophie et de la communauté. Penseur parmi les plus polyvalents de sa génération, Vanmechelen a bâti une œuvre unique qui explore des questions fondamentales ayant trait à l'identité, à la diversité et à notre évolution partagée sur une planète en mutation.

Au cœur de sa pratique se trouve le concept de diversité bioculturelle, c'est-à-dire l'interaction dynamique entre échange biologique et échange culturel. À travers la sculpture, l'installation, le dessin, la performance et des projets sociaux, il examine la manière dont la vie ne cesse d'osciller entre hybridité et lien, chaos et équilibre. En tant que *migrant éternel,* Vanmechelen voyage dans le monde à la recherche de collaborations qui estompent les limites entre les disciplines et invitent autrui à prendre part à une recherche collective de sens. Son art n'est pas qu'une simple réflexion sur la vie, c'est un laboratoire actif de coexistence, qui convie les communautés, les scientifiques et les penseurs à imaginer de nouveaux avenirs ensemble.

Il est particulièrement connu pour son projet *Cosmopolitan Chicken Project (CCP)* [Projet Poulet cosmopolite], un travail global et continu lancé dans les années 90 qui consiste à croiser des espèces de poulets nationaux en vue de créer des générations plus diverses d'oiseaux « cosmopolites ». En 2025, la 30e génération (*Mechelse Euskalduna*) est née, portant les gènes de 30 pays et régions de 5 continents. Le projet est à la fois une métaphore et une méthode : une expression vivante de la beauté et du besoin de diversité, ainsi

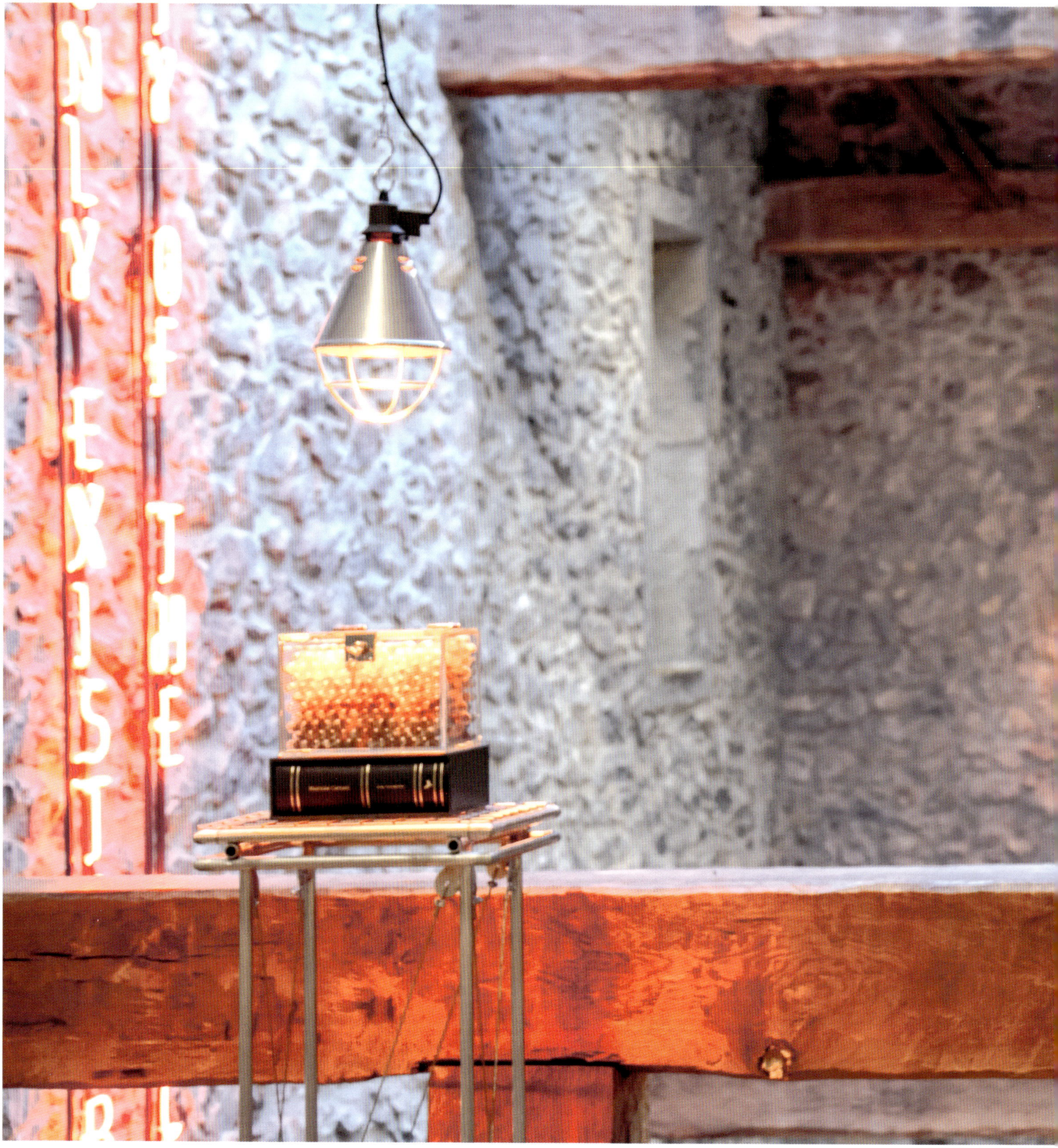
NLY EXIST
OF THE

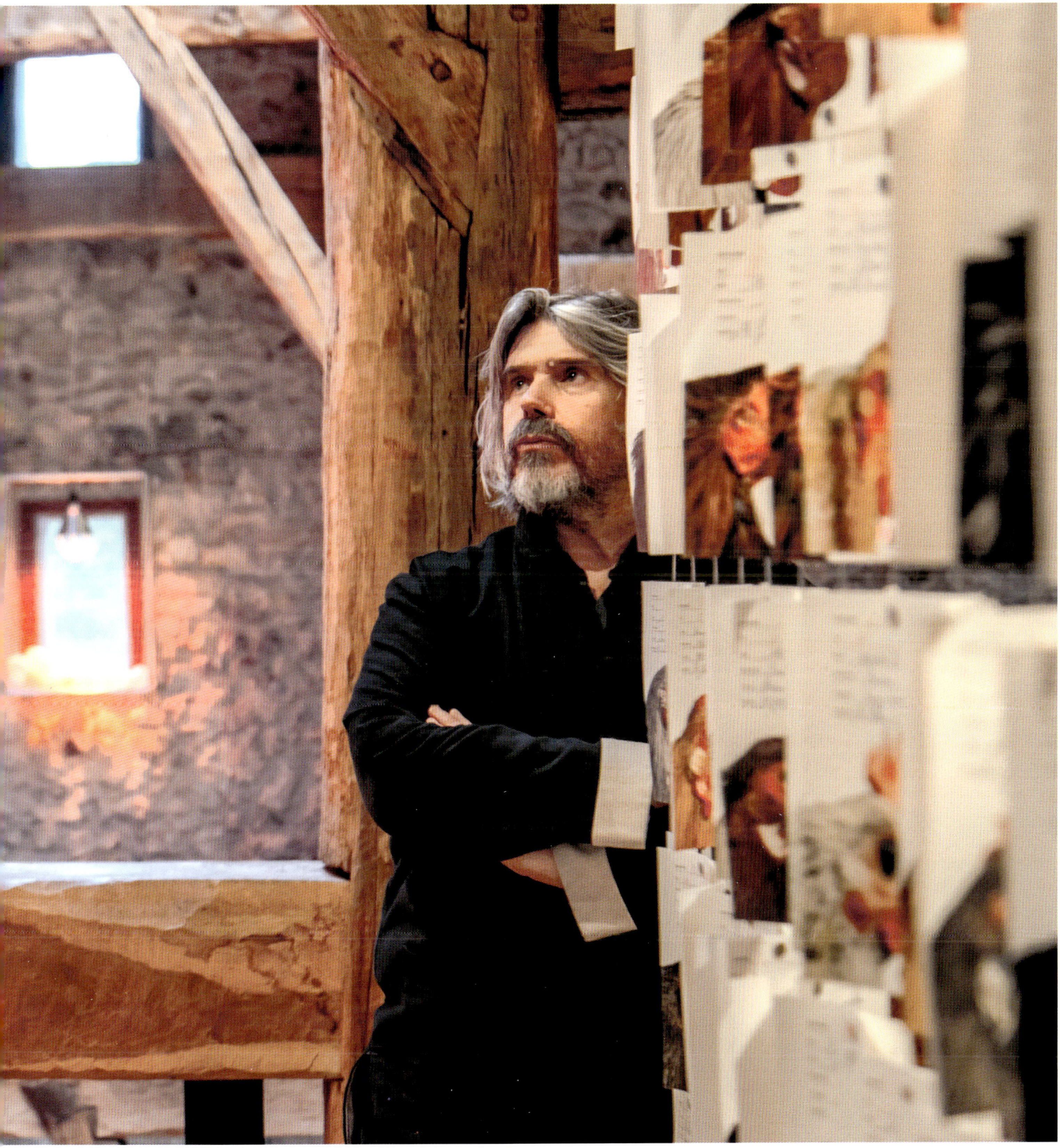

baita eboluzioari, migrazioari eta identitate hibridoari buruzko hausnarketa ere.

Vanmechelenen jarduna oiloetatik harago doa. Haren proiektuen artean, alde biologikoa alde sozialarekin eta espiritualarekin lotzen dituzten instalazioak, eskulturak eta esku-hartzeak. Lan bakoitzak —izaki bizidunak, komunitateak edo forma mitikoak inplikatzen dituenak— bizitzak eta kulturak nola eboluzionatzen duten aztertzen du, gizateriaren mugak etengabe birdefinituz.

Lankidetzarako bere konpromisoak, besteak beste, genetika, ekologia eta filosofia arloetako zientzialariekin lanean aritzera eraman du. Diziplinarteko ekimen horiek nazioarteko aitortza ekarri diote, hala nola, Hasselt Unibertsitateko ohorezko doktoretza (2010), Golden Nica Hybrid Art Award (Ars Electronica, Linz, 2013) eta Global Artist's Award (Venezia, 2013).

Vanmechelenen lanak ia kontinente guztietan erakutsi dira, eta bakarkako erakusketak egin dizkiote Uffizi Gallery (Florentzia), Victoria and Albert Museum (Londres), Museo Nacional de Bellas Artes de La Habana (Kuba), ZKM (Karlsruhe), Belvedere (Viena) eta Pushkin Museoan (Mosku). Nazioarteko erakusketa garrantzitsuetan hartu du parte, besteak beste, Veneziako Bienalean, Moskuko, Habanako, Dakarreko eta Poznańeko Bienaletan, documenta (13), Manifesta 9 eta 2010eko World Expo Shanghai-n.

2017an, Vanmechelenek LABIOMISTA sortu zuen Genken (Belgika), bere ikuspegi artistiko eta filosofikoa gorpuzten duen 24 hektareako parke dinamikoa. Arte-instalazioak, Mario Bottaren arkitektura eta ekosistema biziak uztartuz, LABIOMISTA naturaren eta kulturaren arteko elkarrizketari eskainitako artelan bizia da, artea elkar ulermenerako eragile gisa eta komunitate jasangarrietarako gida gisa aztertzen duena.

Itzal handiko hizlari publikoa, Vanmechelenek Munduko Ekonomia Foroan (Davos) eta mundu osoko TED hitzaldietan parte hartu du. Bere lanaren eta filosofiaren bitartez gonbidatzen gaitu onartzera inoiz ez gaudela bakarrik: organismo, kultura eta ideia bakoitza bizitzaren sare korapilatsu beraren zati da, etengabeko egokitzapenean, gure etorkizun partekatuaren sorkuntzaren partaide.

El trabajo de Vanmechelen va mucho más allá de las aves. Sus proyectos integran instalaciones, esculturas e intervenciones que entrelazan lo biológico con lo social y lo espiritual. Cada obra —ya sea con organismos vivos, comunidades o formas míticas— explora las formas de coevolución de vida y cultura, en una constante y sucesiva redefinición de los límites de lo humano.

Su compromiso con la colaboración lo ha llevado a trabajar estrechamente con científicos en campos como la genética, la ecología o la filosofía. Estas iniciativas interdisciplinares le han granjeado el reconocimiento internacional, como el doctorado *honoris causa* por la Universidad de Hasselt (2010), el premio Golden Nica Hybrid Art (Ars Electronica, Linz, 2013) y el Global Artist's Award (Venecia, 2013).

La obra de Vanmechelen se ha mostrado al público en casi todos los continentes, con exposiciones individuales en centros como la Galería Uffizi (Florencia), el Victoria and Albert Museum (Londres), el Museo Nacional de Bellas Artes de La Habana (Cuba), el ZKM (Karlsruhe), el Belvedere (Viena) o el Museo Pushkin (Moscú). Ha participado en destacadas exposiciones internacionales, entre ellas la Bienal de Venecia, las Bienales de Moscú, La Habana, Dakar y Poznań, documenta (13), Manifesta 9 y la Exposición Universal de Shanghái 2010.

En 2017 Vanmechelen creó en Genk (Bélgica) LABIOMISTA, un parque en evolución de 24 hectáreas que encarna su visión artística y filosófica. Se trata de un centro que combina instalaciones artísticas con la arquitectura de Mario Botta y ecosistemas vivos: LABIOMISTA es una obra de arte vivo dedicada al diálogo entre naturaleza y cultura, que concibe el arte como motor de entendimiento mutuo y como guía hacia unas comunidades sostenibles.

Vanmechelen, muy solicitado como orador, ha ofrecido conferencias en el Foro Económico Mundial (Davos) y en eventos TED en todo el mundo. A través de su obra y su filosofía, nos invita a reconocer que nunca estamos solos: cada organismo, cada cultura y cada idea forman parte de una misma urdimbre vital laberíntica, en constante adaptación y en continua cocreación de nuestro futuro común.

and interventions that link the biological with the social and the spiritual. Each work—whether involving living organisms, communities, or mythic forms—examines how life and culture co-evolve, constantly redefining the boundaries of humanity.

His commitment to collaboration has led him to work closely with scientists in fields such as genetics, ecology, and philosophy. These interdisciplinary ventures have earned him international recognition, including an honorary doctorate from Hasselt University (2010), the Golden Nica Hybrid Art Award (Ars Electronica, Linz, 2013), and the Global Artist's Award (Venice, 2013).

Vanmechelen's work has been exhibited on nearly every continent, with solo shows in institutions such as the Uffizi Gallery (Florence), Victoria and Albert Museum (London), Museo Nacional de Bellas Artes de La Habana (Cuba), ZKM (Karlsruhe), Belvedere (Vienna), and the Pushkin Museum (Moscow). He has participated in major international exhibitions including the Venice Biennale, the Biennials of Moscow, Havana, Dakar, and Poznań, documenta (13), Manifesta 9, and the World Expo Shanghai 2010.

In 2017, in Genk (Belgium), Vanmechelen established LABIOMISTA, a 24-hectare evolving park that embodies his artistic and philosophical vision. Blending art installations, architecture by Mario Botta, and living ecosystems, LABIOMISTA is a living artwork dedicated to the dialogue between nature and culture, exploring art as a driver of mutual understanding and a guide towards sustainable communities.

A sought-after public speaker, Vanmechelen has addressed audiences at the World Economic Forum (Davos) and TED conferences worldwide. Through his work and philosophy, he invites us to recognise that we are never alone—every organism, culture, and idea is part of the same intricate web of life, constantly adapting and co-creating our shared future.

qu'une méditation sur l'évolution, la migration et l'identité hybride.

La pratique de Vanmechelen s'étend bien au-delà des poules. Ses projets comprennent des installations, des sculptures et des interventions qui relient le biologique au social et au spirituel. Chaque œuvre (qu'elle implique des organismes vivants, des communautés ou des formes mythiques) examine la manière dont la vie et la culture évoluent de concert, redéfinissant sans cesse les limites de l'humanité.

Son engagement envers la collaboration l'a conduit à travailler étroitement avec des scientifiques dans des domaines tels que la génétique, l'écologie et la philosophie. Ces entreprises interdisciplinaires lui ont valu une reconnaissance internationale, y compris un doctorat honorifique de l'université de Hasselt (2010), le Golden Nica Hybrid Art Award (Ars Electronica, Linz, 2013) et le Global Artist's Award (Venise, 2013).

Le travail de Vanmechelen a été exposé sur tous les continents ou presque, notamment à l'occasion d'expositions individuelles dans des institutions telles que la Uffizi Gallery (Florence), le Victoria and Albert Museum (Londres), le Museo Nacional de Bellas Artes de La Habana (Cuba), le ZKM (Karlsruhe), le Belvédère (Vienne) et le Pushkin Museum (Moscou). Il a participé à d'importantes expositions internationales, dont la Biennale de Venise, les Biennales de Moscou, de La Havane, de Dakar et de Poznań, documenta (13), Manifesta 9 et l'Exposition universelle de Shanghaï en 2010.

En 2017, Vanmechelen a créé LABIOMISTA à Genk (Belgique), un parc de 24 hectares en constante évolution qui incarne sa vision artistique et philosophique. Mêlant des installations artistiques, l'architecture de Mario Botta et des écosystèmes vivants, LABIOMISTA est une œuvre d'art vivante consacrée au dialogue entre nature et culture, qui explore l'art comme moteur de la compréhension mutuelle et comme guide vers des communautés durables.

Intervenant sollicité, Vanmechelen a été invité au Forum économique mondial (Davos) et à des conférences TED dans le monde entier. Par son travail et sa philosophie, il nous invite à reconnaître que nous ne sommes jamais seuls : chaque organisme, chaque culture et chaque idée fait partie intégrante d'une même trame de vie, et ne cesse d'adapter et de co-créer notre avenir partagé.

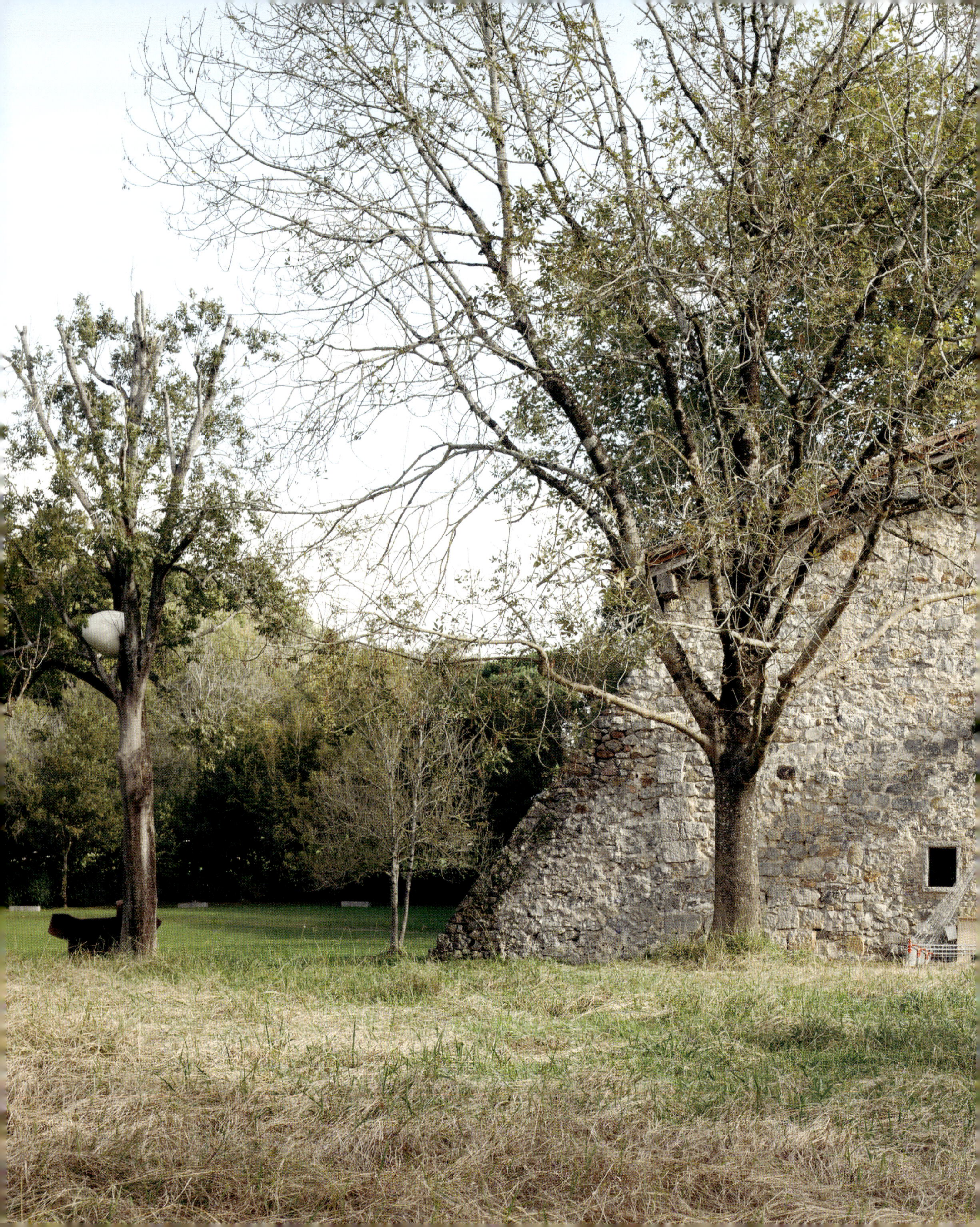

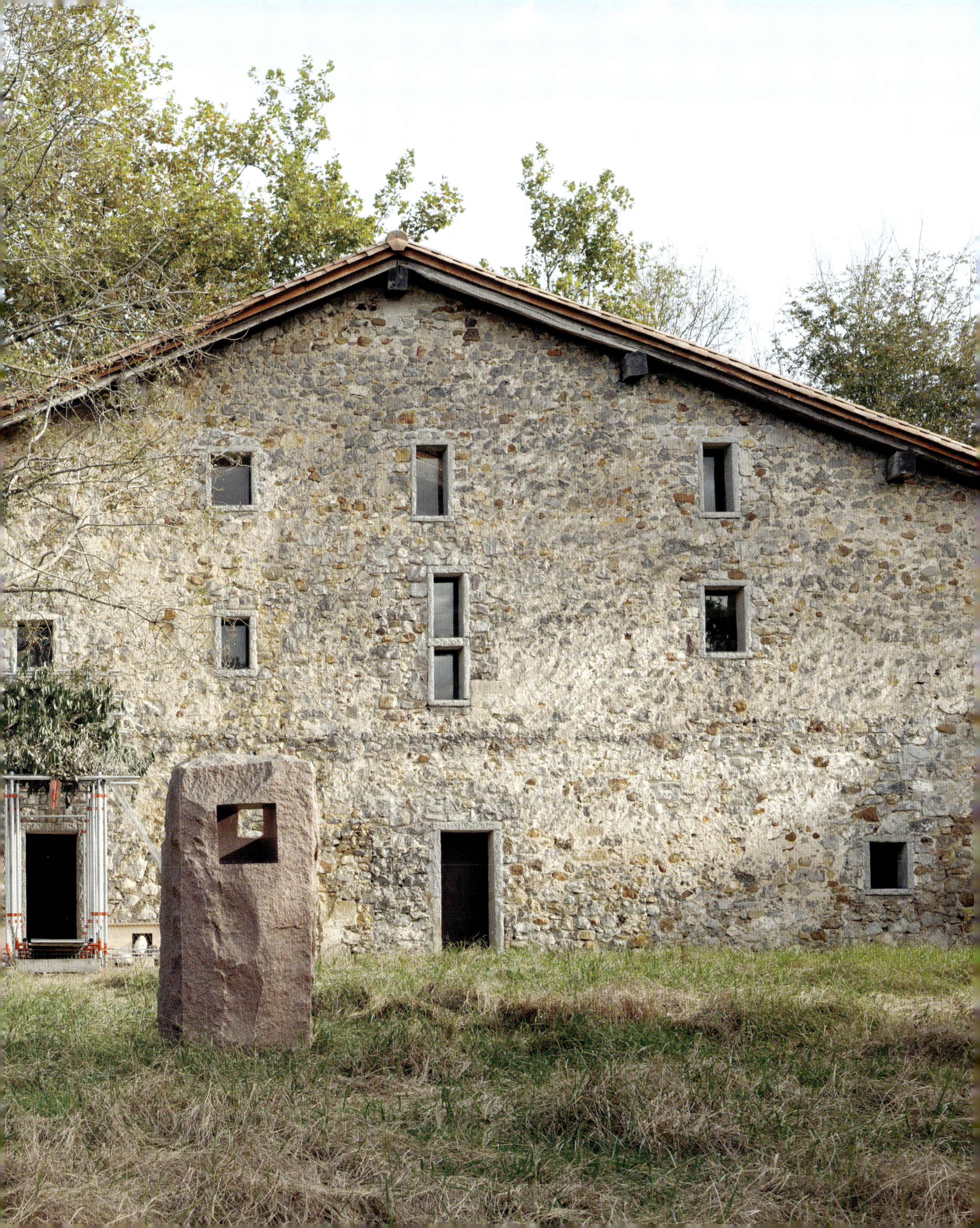

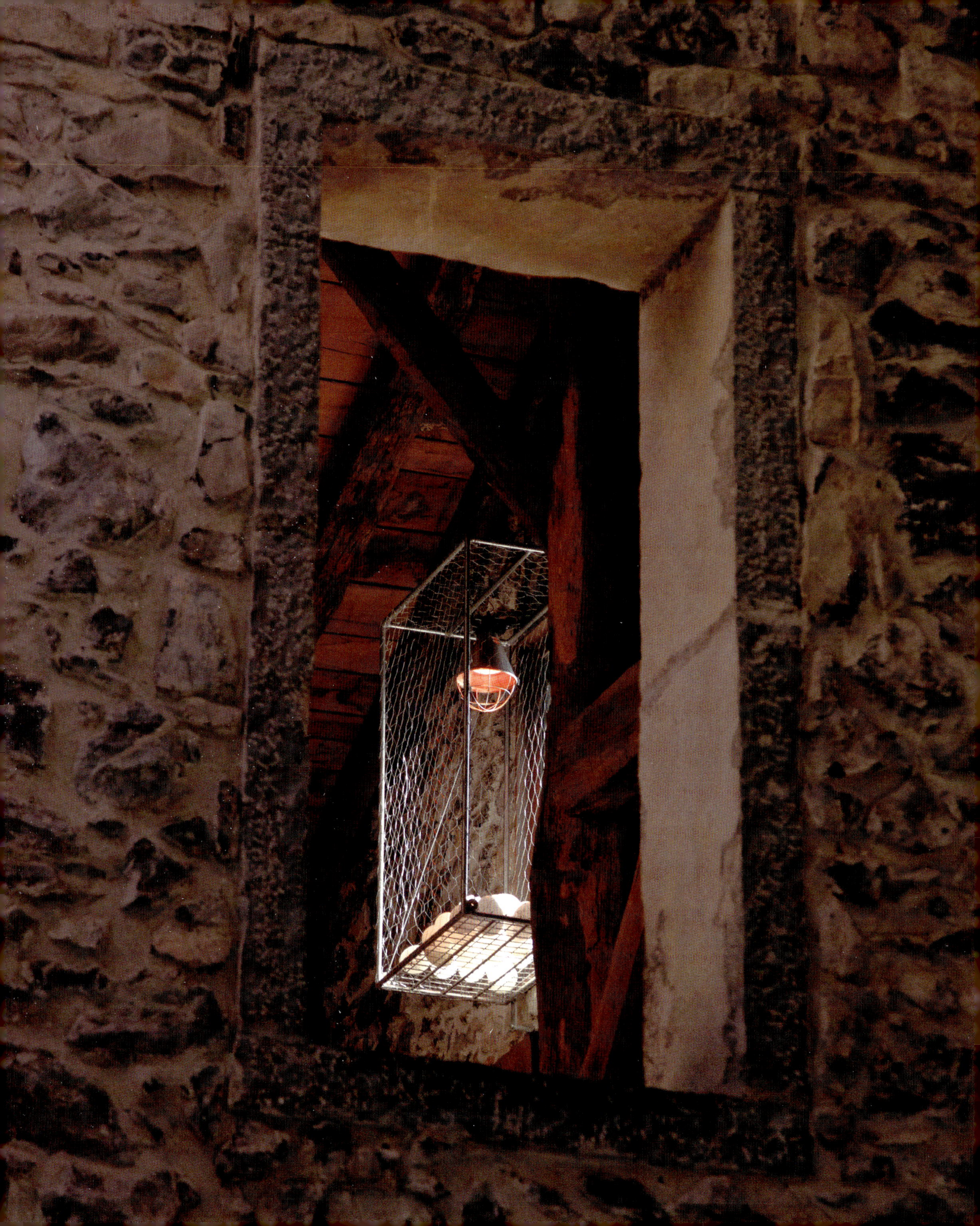

Katalogo hau Chillida Leku museoak antolatutako *Limina: Cosmopolitan Chicken Project 30* erakusketaren harira argitaratu da; erakusketak 2025eko urriaren 16tik 2026ko otsailaren 22ra iraunduko du.

Catálogo publicado con motivo de la exposición *Limina: Cosmopolitan Chicken Project 30*, organizada en Chillida Leku entre el 16 de octubre de 2025 y el 22 de febrero de 2026.

Catalogue published on the occasion of the *Limina: Cosmopolitan Chicken Project 30*, exhibition at Chillida Leku from 16 October 2025 to 22 February 2026.

Catalogue publié à l'occasion de l'exposition *Limina: Cosmopolitan Chicken Project 30*, organisée à Chillida Leku du 16 octobre 2025 au 22 février 2026.

ERAKUSKETA / EXPOSICIÓN / EXHIBITION / EXPOSITION

Zuzendaritza / Dirección / Direction / Direction
MIREIA MASSAGUÉ

Erakusketaren komisarioak / Comisarios de la exposición / Exhibition curators / Commissaires de l'exposition
VICTORIA COLLAR, JON GARBIZU, GONZALO PEÑA

Erakusketaren koordinazioa / Coordinadora de exposición / Exhibition coordinator / Coordonnatrice de l'exposition
ESTELA SOLANA

Erregistroa / Registro / Register / Registre
CLARA LIZASOAIN

Ekoizpen arduraduna / Responsable de producción / Process manager / Responsable de production
GOELE SCHOOFS

Ekoizpen teknikaria / Técnico de producción / Production technician / Technicien de production
IRANTZU MARQUET

Artxiboa / Archivo / Archive / Archives
AINHOA EIZMENDI

Hezkuntza eta ikerkuntza / Educación e investigación / Education and research / Éducation et recherche
NAUSICA SÁNCHEZ

Komunikazioa / Comunicación / Communication / Communication
MYRIAM SETOAIN
ACERCA COMUNICACIÓN

Babesletza / Patrocinio / Sponsorship / Parrainage
MIKEL CHILLIDA

Artelanen manipulazioa / Manipulación de arte / Art handling / Manutention d'œuvres d'art
TOMÁS GÓMEZ
RUUD KOPPENOL
CÉSAR MARTÍNEZ
URKI ORMAETXEA
TELMO SÁNCHEZ

Muntaketa eta ekoizpena / Montaje y producción / Installation and production / Montage et production
ELECTRICIDAD ARGIA
LOIRE GESTAMP
KIMU BAT
SECTOR VERTICAL
VINÍLICA
XABIER MENDIOLA

Inprimatze grafikoak / Impresión gráfica / Graphic print / Impressions graphiques
ESTUDIOS DURERO

Garraioa eta baliabide mekanikoak / Transporte y medios mecánicos / Shipping and mechanical equipment / Transport et moyens mécaniques
TTI INTERNATIONAL ART SERVICE - BOVIS GROUP
GRÚAS GOIHERRI
GRÚAS GPK
SUMINISTROS ZELAI

Asegurua / Seguros / Insurance / Assurance
HELVETIA SWISS INSURANCE COMPANY

Mugak/ Euskadiko Nazioarteko Arkitektura Bienalaren barruan antolatutako erakusketa / Exposición enmarcada en la Bienal Internacional de Arquitectura de Euskadi Mugak/ / Exhibition included in the Mugak/ Basque Country International Architecture Biennial / Exposition inscrite dans la Biennale internationale d'architecture du Pays basque Mugak/

Erakusketaren babesleak / Exposición patrocinada por / Sponsored by / Exposition parrainée par

Mugak/ Fronteras Boundaries
CHILLIDALEKU
FUNDACIÓN EDUARDO CHILLIDA PILAR BELZUNCE
EUSKO JAURLARITZA GOBIERNO VASCO
ETXEBIZITZA ETA HIRI AGENDA SAILA
DEPARTAMENTO DE VIVIENDA Y AGENDA URBANA
HAUSER & WIRTH

EUSKO JAURLARITZA. ETXEBIZITZA ETA HIRI AGENDA SAILA / GOBIERNO VASCO - DEPARTAMENTO DE VIVIENDA Y AGENDA URBANA
BIENAL MUGAK/
GIPUZKOAKO FORU ALDUNDIA - KULTURA DEPARTAMENTUA / DIPUTACIÓN FORAL DE GIPUZKOA - DEPARTAMENTO DE CULTURA

Laguntzaileak / Con la colaboración de / With the help of / Avec la collaboration de
ARASTONE
CARPINTERÍA AZPEITIA
CONSTRUCCIONES ACUÑA
GONVARRI
IZADI MECANIZADOS
LANGOITIA
PINTURAS ALKORTA
SENAI SUMINISTROS INDUSTRIALES
TALLERES MARTUTENE
URKIA PREFABRICADOS

KATALOGOA / CATÁLOGO / CATALOGUE / CATALOGUE

Argitalpena / Edición / Publishers / Édition
CHILLIDA LEKU – TURNER

Obrak / Obras / Works / Œuvres
KOEN VANMECHELEN
EDUARDO CHILLIDA

Testuak / Textos / Texts / Textos
MIREIA MASSAGUÉ
MIKEL CHILLIDA
KOEN VANMECHELEN
JON GARBIZU, VICTORIA COLLAR, GONZALO PEÑA
MARIANA PESTANA

Biografia / Biografía / Biography / Biographie
STUDIO KOEN VANMECHELEN

Argitalpen koordinazioa / Coordinación editorial / Editorial coordination / Coordination éditoriale
LAURA BADSEY
LAURA ESTÉVEZ

Diseinu grafikoa / Diseño gráfico / Graphic design / Conception graphique
LAURA GÓNGORA

Itzulpenak / Traducciones / Translations / Traductions
ANGEL ERRO (EUS)
ART IN TRANSLATION (ES, EN, FR)

Produkzioa / Producción / Production / Production
ENOL ÁLVAREZ

Inprimaketa / Impresión / Printing / Impression
ANZOS

Argazkiak / Fotografías / Photographs / Photographies
ÁLEX ABRIL: 8–9, 24, 62–63, 70–71, 76, 82, 84, 89, 91, 92, 93, 110
BERT CLUYTENS: 54
LUIS DÍAZ: 4–5, 14, 15, 16–17, 30–31, 55, 78, 79, 83, 85, 86, 87, 88, 90, 94, 95, 101, 108–109
GARBIZU COLLAR: 25, 38, 46, 47, 100
GOELE SCHOOFS: 104

© Argitalpen honena / De esta edición / This edition / De cette édition:
CHILLIDA LEKU, TURNER, 2026

© Obrena / Obras / Works / Les œuvres:
KOEN VANMECHELEN, 2025
EDUARDO CHILLIDA: ZABALAGA LEKU, VEGAP, HERNANI, 2025
COURTESY OF THE ESTATE OF EDUARDO CHILLIDA
AND HAUSER & WIRTH

© Testuena / Textos / Texts / Des textes: Egileak, Sus autores, Their authors, Leurs auteurs

ISBN
978-84-19539-33-5
DL-LG
M-1284-2026
Espainian inprimatua / Impreso en España / Printed in Spain / Imprimé en Espagne

ESKERTZA / AGRADECIMIENTOS / ACKNOWLEDGEMENTS / REMERCIEMENTS

Chillida Leku museoak eskerrik beroenak eman nahi dizkie erakusketa hau ahalbidetu duten pertsona eta erakunde guztiei. / El museo Chillida Leku desea expresar su más sincero agradecimiento a todas las personas e instituciones que han hecho posible esta exposición. / The Chillida Leku museum wishes to express its sincere gratitude to all the individuals and institutions that made this exhibition possible. / Le musée Chillida Leku tient à exprimer ses remerciements les plus sincères à tous ceux et celles qui ont rendu cette exposition possible.

Studio Koen Vanmechelen
LABIOMISTA
Sucesión Eduardo Chillida
Hauser & Wirth

Bereziki adierazi nahi diegu lagun hauei gure esker ona / En particular, queremos extender el agradecimiento a / In particular, we would like to thank / Nous souhaitons notamment exprimer notre reconnaissance à

José Enrique Abad, Paula Alejandro, Iñigo Alonso, Carolina Aparicio, José Luis Arevalillo, Ion Arregi, Olatz Azpeitia, Gotzon Basogaray, Jon Basogaray, Rita Broekmans, Eneko Chillida, Fernando Cremades, José Ángel de Gracia, Nicolas Dirickx, Peter Dupont, Leire Eizaguirre, Pablo España, César Garbalena, Alejandro García, Xabier Goienetxea, Chido Govera, Omar Gredilla, Josse Gregoor, Stoffel Hias, Julen Izeta, Imanol Jareño, Asier Lizarra, José Luis López Cantera, Lurra Café, Manuel Marín, Irantzu Marquet, Rubén Martínez, Xabier Mendiola, Rosa Moreno, Tonya Morias, Melisa Moukarzel, Miguel Múgica, Unai Navaridas, Henry Occelli, Iñigo Otero, Petra Remans, Adriana Renedo, Tomás Rey, José Luis Rivas, Irene Rodríguez, Clàudia Rubio, Ander Soriano, Iñaki Trueba, Ubao, Emilia Ugarte, Nuria Valdivia, Iñigo Zalakain